W0052909

LUST
auf
VEGAN

LUST auf VEGAN

100
EINFACHE, GESUNDE UND KÖSTLICHE REZEPTE

Áine Carlin
FOTOS VON ALI ALLEN

EMF

EIN BUCH DER
EDITION MICHAEL FISCHER

Bibliografische Information der Deutschen Bibliothek.

Die Deutsche Bibliothek verzeichnet diese Publikation in der deutschen Nationalbibliografie. Detaillierte bibliografische Daten sind im Internet über http://www.d-nb.de/ abrufbar.

EIN BUCH DER EDITION MICHAEL FISCHER

1. Auflage 2014

Alle Rechte der deutschsprachigen Ausgabe bei
© Edition Michael Fischer GmbH, Igling
© 2014 Kyle Books
Fotos © Ali Allen
Illustrationen © Aaron Blecha

Erstveröffentlicht bei Kyle Books, London

Titel der Originalausgabe:
Keep it Vegan

Aus dem Englischen übertragen von
Iris Halbritter, Hamburg
Lektorat: Katinka Holupirek, München
Satz: Friederike Winter

ISBN 978-3-86355-262-6

www.emf-verlag.de

INHALT

EINFÜHRUNG

Willkommen bei *Lust auf Vegan*, meinem ersten rein pflanzenbasierten Kochbuch. Ich hoffe, es spricht alle an, die gerne leckere Gerichte zaubern, und, was noch wichtiger ist … essen! Ob Sie ein frisch gebackener Veganer sind, der noch etwas Orientierung braucht, ein erfahrener veganer Koch, der seinem Rezeptrepertoire ein paar einfache Gerichte hinzufügen möchte, oder gar ein neugieriger Fleischesser, der einfach einmal wissen möchte, worum es bei dem Ganzen geht – an meinem Tisch ist jeder willkommen! Holen Sie einfach aus diesem Buch heraus, was Sie für sich brauchen, und wagen Sie fantasievolle Experimente mit den Rezepten. Denn schließlich ist das doch der einzig wahre Weg: Kein Gaumen schmeckt wie der andere. Manche werden dabei vielleicht in eine ganz neue Welt des Kochens entführt, andere finden neue Varianten eines bekannten veganen Klassikers – jedenfalls kommt jedes einzelne Rezept mit viel Liebe direkt aus meiner Küche. Hoffentlich findet es auch auf Ihrem Teller ein schönes Plätzchen!

Bevor ich aber zu weit vorgreife, möchte ich erzählen, warum mir dieses Buch so sehr am Herzen liegt. Vor nicht allzu langer Zeit (ich feiere in diesem Jahr meinen vierjährigen Jahrestag als Veganerin) war ich eine gewohnheitsmäßige Fleischesserin und überzeugte Konsumentin von Milchprodukten. Eiscreme, Käse, Joghurt – alles habe ich mit Freude genossen. Zwar hatte ich schon immer etwas gegen Fast Food, aber es kam mir trotzdem nie in den Sinn zu hinterfragen, wo mein Essen eigentlich herkommt.

Bis ich mich zu neuen Ufern aufmachte und beschloss, vegan zu leben. Ab da lernte ich, mehr auf meinen Körper zu achten, ich lebte wesentlich bewusster und das Kochen machte mir sogar noch größeren Spaß als zuvor. Alles in allem war das eine der besten Entscheidungen, die ich je getroffen habe. Dennoch will ich Sie nicht zum Veganismus bekehren. Ich möchte Ihnen nur Lust machen auf all die Möglichkeiten, die sich Ihnen eröffnen, wenn Sie Fleisch und Milchprodukte von Ihrem Speiseplan streichen und sich stattdessen auf die herrlichen pflanzlichen Zutaten konzentrieren, die meist nur zur bloßen Beilage degradiert werden. Ich zeige Ihnen in diesem Buch, wie sie ab jetzt in der Küche die Hauptrolle spielen können.

Dies ist ein Buch über Essen. Schlicht und einfach. Unkompliziert und ohne große Schnörkel möchte ich ein paar meiner Lieblingsrezepte mit Ihnen teilen, die ich selbst oft und gerne koche. Und vielleicht stellen Sie dabei fest, dass ein Leben ohne tierische Produkte gar nicht so schlecht ist. Eigentlich ist es sogar ziemlich toll.

VON DER FLEISCHESSERIN ZUR VEGANERIN

Bestimmt fragen Sie sich, wie eine überzeugte Allesesserin zur Veganerin werden konnte … es geschah praktisch über Nacht! Ehrlich gesagt war ich selbst überrascht, denn ich hatte nicht einmal vor, Vegetarierin zu werden, geschweige denn eine Lebensweise anzunehmen, die ich für langweilig und voller Einschränkungen hielt. Schließlich war (und bin) ich ein totaler Essensjunkie, gleich nach dem Mittagessen denke ich schon ans Abendessen.

Als mein Mann und ich zwei Jahre in Chicago lebten, war ich im siebten Essenshimmel. Ich bin stundenlang durch die Supermärkte getigert und habe über die günstigen Preise gejubelt – besonders beim Fleisch und den Milchprodukten. Wir aßen nicht nur vermeintlich gesund und ausgewogen, auch unserer Haushaltskasse ging es besser als je zuvor. Aber nach ungefähr einem Jahr bekamen wir die Nachteile dessen zu spüren. Wir waren lethargisch, hatten zugenommen und waren körperlich so wenig fit wie nie zuvor – dabei waren wir erst Mitte zwanzig. Uns wurde schnell klar, dass die Wurzel allen Übels die Ernährung sein musste.

Zu dieser Zeit hörte man viel über Maissirup mit hohem Fruchtzuckergehalt (Fruktose-Glukose-Sirup), einem schauderhaften, synthetisch hergestellten Süßstoff, den man tunlichst meiden sollte. Leider musste ich bald feststellen, dass er überall drin war: in Brot, Keksen, Getränken und vielen Lebensmitteln, wo man es nie vermuten würde. „Aha", dachte ich mir, „daran liegt es also." Und unterzog unsere Nahrungsmittel einer genauen Prüfung. Fruktose-Glukose-Sirup findet man wirklich in den unwahrscheinlichsten Produkten. Und wenn man erst einmal angefangen hat nachzuforschen, kommt man von einem Thema zum nächsten. Ich interessierte mich für die Methoden in der Landwirtschaft, vor allem für die Produktion von Fleisch, das wir bis dahin täglich gegessen hatten. Entsetzen ist ein zu harmloses Wort für das, was mich dabei überkam.

Meine einzige Möglichkeit war, etwas Grundlegendes zu ändern und einen neuen Weg für mich und meinen Mann (der von Anfang an mit an Bord war) zu finden – und zwar sofort. Letztendlich führte mich diese Entscheidung zum Veganismus. Ich ging praktisch als Mischköstlerin zu Bett und wachte als Veganerin wieder auf. Sobald ich mir alle relevanten Informationen besorgt hatte, gab es kein Zurück mehr. Obwohl meine Freunde und Verwandten es am Anfang sicher nicht verstanden haben, sind sie mittlerweile meine größte Unterstützung. Man trifft natürlich auch immer wieder Menschen, die einen fremden Lebensstil infrage stellen (und das nicht immer freundlich), aber auch viele, die einfach nur neugierig sind. Veganern wird oft vorgeworfen, militant oder ausschließlich vom Tierrechtsgedanken besessen zu sein. Daher halte ich es für meine Pflicht, eine andere Seite dieser Lebensweise zu zeigen, die manche immer noch abschreckt. Bewahren Sie eine objektive positive Haltung, bekommen Sie auf Lust auf Vegan!

Auch wenn ich aus gesundheitlichen Aspekten zum Veganismus kam, war doch das Leid der Tiere letztendlich ausschlaggebend. Ich wollte nicht für weiteres Elend verantwortlich sein. Durch den Veganismus konnte ich ein besserer Mensch sein: mitfühlend, fürsorglich und großherzig. Er gab mir auch das nötige Selbstvertrauen, Dinge zu wagen, die gar nichts mit meiner Ernährung zu tun hatten, wie z. B. das Schreiben. Dieses Buch zu schreiben und damit anderen zu helfen, ähnlich Gutes durch ein veganes Leben zu erfahren, ist mein Dankeschön.

Es geht hier nicht um eine weitere moralisierende Stimme. Ich bringe Sie lieber mit einem Stück Schokoladenkuchen zum Lächeln oder sättige Ihren Magen mit einem nahrhaften Eintopf. Der Hunger kommt nämlich sprichwörtlich beim Essen, das stimmt auch bei veganer Ernährung. Probieren Sie es: Wenn es einer im wahrsten Sinne des Wortes eingefleischten Fleisch-mit-Kartoffeln-Esserin aus Irland gefällt, dann schafft es wirklich jeder!

VORTEILE FÜR GESUNDHEIT UND KÖRPER

Genug geschwafelt, her mit den Einzelheiten! Die gesundheitlichen Vorteile der veganen Ernährung sind beeindruckend. Ich kann Ihnen natürlich nur das erzählen, was ich selbst erlebt habe. Sie brauchen aber auch bei anderen Veganern nicht lange nach ähnlichen Erfahrungsberichten zu suchen. Mein Mann hat sicher nichts dagegen (und falls doch: Ätsch!), wenn ich Ihnen sage, dass wir beide vor der Umstellung auf die vegane Ernährung ein kleines … hm, wie sage ich es am besten … Transpirationsproblem hatten. Vielleicht ließ es sich auf den sogenannten „Fleischschweiß" zurückführen. Nur so viel: Wir probierten viele Deodorants aus, aber das gleiche T-Shirt zwei Tage hintereinander zu tragen, war völlig undenkbar. Jetzt gehört dieses Problem der Vergangenheit an. Ich weiß, es klingt verrückt, aber es ist wahr. Natürlich schwitzen wir immer noch, das ist nur natürlich. Aber der Geruch ist anders und unsere Achselhöhlen sind so trocken, dass es problemlos möglich wäre, dasselbe T-Shirt eine ganze Woche lang zu tragen. Nicht, dass ich das je tun würde.

Als Nächstes kam eine entschieden bessere Schlafqualität dazu. Als wir anfingen, tierische Produkte wegzulassen, waren wir zwei lethargische Wracks, ich kam morgens meist kaum aus dem Bett. Eine erste körperliche Veränderung bemerkte ich nach etwa drei Wochen. Wir schliefen nicht nur fester, sondern wachten auch erholt auf. Zum ersten Mal in meinem Leben fühlte ich mich wirklich ausgeruht. Vorher hätte ich zwölf Stunden lang schlafen können und es wäre mir danach immer noch schwer gefallen aufzustehen.

Das Gleiche gilt für meinen Vitalität. Nach der anfänglichen Entgiftungsphase (in der sich der Körper von den Giftstoffen befreit, die Fleisch und Milchprodukte direkt in den Blutkreislauf einschleusen) werden Sie ein kontinuierliches, seltsam anregendes „Brummen" in sich feststellen. Dieses „Brummen" ist Energie. Der Drang, aufzustehen und etwas zu tun (selbst wenn es nur darum geht, die Küche aufzuräumen oder die Bettwäsche zu wechseln) ist mittlerweile so groß, dass ich deutlich fitter geworden bin – nur aufgrund dieser kleinen, aber anhaltenden Aktivitätsschübe.

Bei meiner Neigung, über alles etwas zu viel nachzugrübeln, und nach einigen ziemlich düsteren Phasen in meinem Leben, kann ich mit Sicherheit sagen, dass die vegane Lebensweise meine Lebenseinstellung und meine mentale Gesundheit allgemein verbessert hat. Damit will ich nicht sagen, dass ich keine Krisen oder schwachen Momente mehr habe, aber ich komme viel besser damit zurecht. Mein Geist ist klarer denn je und ich verzweifle nicht mehr so schnell, falls es mal Anlass dazu gibt.

Haut, Haare und Nägel gehören sicher zu den Hauptanzeichen guter Gesundheit. Bevor ich Veganerin wurde, neigte ich zu fettiger Haut. Ich hatte trockenes, brüchiges Haar, das ganz gewiss nicht glänzte, meine Nägel splitterten leicht, und Niednägel waren der Fluch meines Lebens. Sicher ist das nicht alles über Nacht verschwunden, aber es gibt eine deutliche Verbesserung. Vor allem hat mein Haar jetzt einen gesunden, natürlichen Glanz, auf den mich viele Leute ansprechen (und nein, es ist nicht gefärbt!). Meine Haut ist rein, und die T-Zone glänzt nur selten. Dazu sind meine Nägel bombenfest und keine Niednägel mehr in Sicht. Weil ich mich jetzt so im Einklang mit meinem Körper fühle, merke ich sofort, wenn ich nicht genug getrunken, zu viel Zucker gegessen habe oder zu nachlässig mit meiner Ernährung umgegangen bin. Es ist toll zu erkennen, dass man das eigene Erscheinungsbild kontrollieren und verbessern kann, indem man etwas an seinem Lebensstil ändert.

Die Leute fragen mich oft: „Hilft die vegane Ernährung beim Abnehmen?". Dann antworte ich etwas zögerlich: „Ja." Warum nur zögernd? Weil es einzig und allein davon abhängt, was man isst. Zucker, Alkohol und Pflanzenöl sind auch vegan, machen aber bestimmt nicht dünn. Es gibt viele Veganer, die nie an Gewicht verlieren (was nicht heißt, dass sie nicht gesund leben, jeder Körper funktioniert einfach anders). Doch in meinem Fall ist es bislang die einzige Zeit in meinem Leben, in der meine Gewichtskurve konstant bleibt. Ich hatte nie wirklich mit meinen Pfunden zu kämpfen und gehörte immer eher zu den Schlanken. Aber mein Gewicht schwankte im Lauf der Jahre, und bei meiner Hochzeit hatte ich zu meinem großen Kummer keineswegs mein Idealgewicht. Meine Problemzonen lagen schon immer an Po, Oberschenkeln und Beinen. Dort trage ich meine gesamten überschüssigen Kilos mit mir herum. Nach ein paar Monaten veganer Ernährung bemerkte ich jedoch eine kolossale Veränderung an meiner Figur. Das gab mir genug Selbstvertrauen, um etwas modemutiger zu werden. Heute, in meinen Dreißigern, bin ich so zufrieden mit meinem Körper wie noch nie. Das verdanke ich allein meiner veganen, pflanzenbasierten Ernährung.

Keine Reue?

Lesen Sie noch einmal den Absatz, in dem steht, wie gern ich Milchprodukte mochte. ICH – LIEBTE – SIE. Da würde man doch annehmen, dass es mir schwergefallen sein muss, darauf zu verzichten. Ich würde hier gern meine inneren Kämpfe schildern, wie ich um meine Eiscreme trauerte und welchen Katzenjammer ich durchlitt, als ich Käse für immer aus meinem Leben verbannte. Doch die Antwort lautet nein. Ich kann nur erzählen, wie mich ein neuer Lebensstil begeistert, zu dem nach wie vor köstliche, authentische Eiscreme, leckerer pflanzenbasierter „Käse" und eine wunderbare Auswahl von „Joghurts" gehören, die alle Bedürfnisse und Gelüste befriedigen. Wir haben heutzutage das Glück, dass jedes Produkt, das man sich nur vorstellen kann, auch eine vegane Entsprechung hat. Die Alternativen warten nur darauf, probiert zu werden. Meine große Schwäche war immer ein griechischer Joghurt am Morgen. Jetzt habe ich das Äquivalent aus Kokosnuss entdeckt. Oder Eiscreme: Inzwischen gibt es so viele vegane Sorten auf Nuss-, Soja- oder Kokosbasis, dass man die Qual der Wahl hat. Es ist so einfach, vegan zu leben, dass ich mich kaum bewusst als Veganerin wahrnehme – ich esse einfach gern!

Geht hin und siegt!

Ob Sie den Veganismus nur einmal ausprobieren wollen oder bereits voll und ganz davon überzeugt sind: Es gibt viele Möglichkeiten, diese wunderbare Lebensweise und ihre Küche zu genießen. Vielleicht inspiriert sie Sie dazu, neue Zutaten zu entdecken. Oder sie erlaubt Ihnen, mit schon bekannten Aromen zu experimentieren. Wichtig ist nur, dass Sie Spaß haben, für alles offen bleiben und ein paar leckere Gerichte zubereiten … unabhängig davon, was beabsichtigt war und was herauskommt. Lassen Sie fremde Meinungen einfach vor der Küchentür, gehen Sie an den Herd und entkräften Sie alle Vorbehalte in puncto vegane Ernährung beim Zubereiten einer unvergesslichen Mahlzeit. Mal im Ernst: Gibt es denn was Besseres?

GRUNDSTOCK AN VORRÄTEN

Weil ich verderbliche Lebensmittel gerne in kleinen Mengen frisch einkaufe, bewahre ich in meinem Vorratsschrank eine schlichte Auswahl an Gemüsesorten in Gläsern und Dosen auf, mit der ich im Handumdrehen ein leckeres Abendessen zaubern kann. Jede Zutat, vom Dijonsenf bis zum Hefeextrakt, spielt dabei eine wichtige Rolle. Oft macht nämlich nur eine winzige Kleinigkeit ein gutes Gericht zu einem richtig tollen. Ich habe keine Bedenken bei einer Prise Zucker hie und da und setze auf altbewährte Küchenpraxis. Deshalb finden die meisten der hier genannten Zutaten Verwendung in unterschiedlichen Rezepten. Das hilft außerdem, wenn man, so wie ich, mit kleinerem Haushaltsbudget auskommen muss.

In meinem veganen Speiseschrank
Wenn möglich meide ich Hilfsmittel wie Ei-Ersatzpulver oder Pfeilwurzelmehl und nehme lieber eine Banane oder etwas Natron. Mach dir das Leben so einfach wie möglich, das ist mein Motto. Ich möchte alles auf das absolut Notwendige reduzieren, ohne Kompromisse beim Geschmack. Es wird Zeit, den leeren Speiseschrank zu bestücken … Packen wir es an!

Bohnen, Hülsenfrüchte, Getreide, Nüsse und Trockenfrüchte
schwarze, rote Bohnen

Tellerlinsen, rote Linsen, getrocknete Schälerbsen, Kichererbsen

Basmatireis

Naturreis

Bulgur

Couscous

Haferflocken

Nudeln

Polenta

Quinoa

verschiedene Nüsse (wie Cashew, Pistazien, Pekannuss, Walnuss)

verschiedene Trockenfrüchte (wie Rosinen, Datteln)

Kokosnussprodukte
Kokoscreme

Kokosmilch

Kokosraspeln

Mehl und Backtriebmittel
Maismehl, Weizenmehl, Vollkornweizenmehl, Kichererbsenmehl

Backpulver

Natron

Öle
Kokosöl

extra-natives Olivenöl

reines Olivenöl

Sesamöl

Sonnenblumen- oder Erdnussöl

Soßen, Würzmittel, Essig, Senf
Tamari- oder Sojasoße

süße Chilisoße

Gemüsebrühwürfel

gekörnte Gemüsebrühe

Hefeextrakt, Hefeflocken

Aceto balsamico

Balsamico bianco

Apfelessig

Rotweinessig

Sushi-Essig

Dijonsenf

Ganzkornsenf

Zucker, Süßungsmittel, Aromen
weißer, brauner Zucker, Puderzucker

Agavendicksaft

Ahornsirup

Orangenblütenwasser

Rosenwasser

Vanillearoma

Tomatenprodukte
Dosentomaten

passierte Tomaten

Tomatenmark

In meinem veganen Kühlschrank

Ich habe immer einige Fertigprodukte im Kühlschrank, wenn es mal schnell gehen muss oder wenn ich backen will. Falls Ihnen der Sinn spontan mal nach Kuchen steht, ein schneller Dip für Ihr hausgemachtes Sushi angerührt werden soll oder unbedingt ein großzügiger Klacks Sojasahne sein muss (Risottos schmecken damit einfach cremiger!). Hin und wieder verwende auch ich solche Produkte, empfehle jedoch, nicht ständig darauf zurückzugreifen. Betrachten Sie sie als schöne, gelegentliche Alternative zu den nicht-veganen Lebensmitteln, die Sie vielleicht manchmal ein wenig vermissen.

milchfreie Mayonnaise

Hummus

pflanzliche Milch (wie Sojamilch, Mandelmilch, Kokosmilch)

Sojasahne

Sojajoghurt

Tofu (eingelegt und fest)

vegane Margarine

In meinem veganen Gefrierfach

Das Gefrierfach ist in meinem Haushalt am wenigsten gut bestückt. Das bedeutet aber nicht, dass keine wichtigen Dinge darin sind – wer kann schon ein erfülltes Leben ohne

(milchfreie) Eiscreme führen? Gefrorenes Gemüse ist unerlässlich für Currys, Dips, Eintöpfe und vieles mehr. Ich sorge immer für einen Vorrat an Erbsen und dicken Bohnen, denn viele Gerichte kann man mit ein paar grünen Erbsen verfeinern. Bevor meine Bananen überreif werden, lege ich sie (geschält und zerkleinert) ins Gefrierfach und verwende sie für Smoothies und schnell zubereitetes Softeis. Sie werden nicht glauben, wie oft Sie darauf zurückgreifen werden!

dicke Bohnen

Erbsen

Zuckermais

veganes Vanilleeis

Frische Kräuter

Sie sollten vielleicht wissen, dass ich frische Kräuter in „Freundschaftsgrade" einteile: von ,fremd' bis ,total meins'. Das beschreibt, wie nahe ich jedem davon stehe, und in welchen Mengen ich sie verwende. Glatte Petersilie, Koriander und Basilikum zähle ich zum Beispiel zu meinen engsten Freunden. Thymian, Rosmarin und Minze sind gute Kumpel, Estragon und Dill nette Bekannte. Verwenden Sie sie dementsprechend, das Essen gewinnt dadurch.

Getrocknete Kräuter

Einige Kräuter können nicht so leicht durch die getrocknete Variante ersetzt werden, beschränken Sie sich am besten auf die nachfolgend aufgeführten. Andernfalls kreieren Sie möglicherweise einen sehr unkonventionellen Geschmack.

Lorbeerblätter

Kräuter der Provence

Oregano

Thymian

Gewürze

Was wäre das Leben ohne etwas Würze? Ich habe mich in Kreuzkümmel verliebt, hege eine langjährige Zuneigung für geräuchertes Paprikapulver und giere nach Muskat. Da haben wir wieder die „Freundschaftsgrade"!

Meersalz

Pfefferkörner

Kapern

Kardamomkapseln, -pulver

Cayennepfeffer

Chiliflocken

chinesisches Fünfgewürz-Pulver

Zimtstangen

Gewürznelken

Kreuzkümmel

Garam Masala

Pimentpulver

Zimtpulver

Muskatpulver

milde Currymischung

Muskatnuss

geräuchertes Paprikapulver

Sternanis

Kurkuma

Ich könnte diese Liste noch beliebig lang ergänzen … Wenn Sie auch nur die Hälfte dieser Grundzutaten im Haus haben, haben Sie den Sieg schon in der Tasche!

Frühstück, BRUNCH & MEHR

Bircher MÜSLI

für 2 Personen

Dieses Lieblingsgericht aus dem frühen 20. Jahrhundert ist auch heute noch ein fester Bestandteil auf so manchem Frühstückstisch. Es wurde um 1900 von Maximilian Bircher-Benner entwickelt. Seit seinen Anfängen, als es noch mit Kondensmilch zubereitet wurde, hat es im Laufe der Zeit eine etwas gesündere Ausrichtung bekommen. Betrachten Sie diese milchfreie, vegane Version also ruhig als weiteren Ernährungsfortschritt. Geriebener Apfel und Sojajoghurt machen das Müsli zu einem reichhaltigen, süßen und nachhaltig sättigenden Start in den Tag. Ich selbst greife öfter darauf zurück, als ich hier zugeben möchte.

ZUTATEN

150 g kernige Haferflocken
100 ml Reismilch (oder andere Pflanzenmilch)
1 frischer Apfel
1 EL Sultaninen oder Rosinen
1 EL gehackte Haselnüsse
4 EL Sojajoghurt natur
1 TL Agavendicksaft
1 TL gemischte Kerne
1 TL Kokosraspeln

ZUBEREITUNG

1. Am Vorabend die Haferflocken in eine Schüssel geben und die Reismilch darübergießen. Die Schüssel zudecken und über Nacht in den Kühlschrank stellen.

2. Am nächsten Morgen den Apfel reiben und zu den eingeweichten Haferflocken geben. Die Sultaninen oder Rosinen, Nüsse, Sojajoghurt und Agavendicksaft hinzufügen. Alles verrühren und mit den gemischten Kernen und den Kokosraspeln bestreuen.

Variationen

Fügen Sie frische Beeren der Saison hinzu und bestreuen Sie das Müsli mit etwas Zimtpulver und gemahlenen Hanfsamen.

Mit Kakao und Mandelbutter
EINGEWEICHTE HAFERFLOCKEN

für 2 Personen

Ich bin ein großer Frühstücksfan. Haferflocken, Polenta, Pfannkuchen, Müsli, Brot … alles, was man sich nur vorstellen kann. Ich finde es toll, mir schon am Morgen etwas zusammenzurühren. Auch wenn ich meine Favoriten habe, ist meine Aufmerksamkeitsspanne ziemlich kurz, wenn es um Rezepte geht. Ich habe das unstillbare Verlangen, sie ständig zu verbessern. Und welche Zeit wäre dafür besser geeignet als der frühe Morgen? Das macht mich bereit für den Tag und inspiriert mein Kochen und meine Essenswahl für den ganzen Tagesverlauf. Wenn Sie dachten, eingeweichte Haferflocken wären out, liegen Sie falsch. Sie sind unendlich wandelbar, und ich werde es nie leid, mir verschiedene Kombinationen damit auszudenken. Diese Variante hier könnte manchem etwas üppig erscheinen, aber es stecken lauter gute Sachen darin, sodass man nach einer Schale davon kein allzu schlechtes Gewissen haben muss. Weil das Rezept mit ungesüßtem Kakaopulver auskommt, erzielt man den wunderbaren Schokoladengeschmack ganz ohne Zucker. Die getrockneten Cranberrys fügen ohnehin genug Süße und Biss hinzu – eine tolle Alternative zu schokoladenüberzogenen Kindercerealien, die auch bei Erwachsenen sehr beliebt sind.

ZUTATEN

3 EL kernige Haferflocken

1 TL ungesüßtes Kakaopulver

50 ml Hafermilch (oder andere Pflanzenmilch)

30 g gehackte Mandeln

30 g getrocknete Cranberrys

1 EL Kokosraspeln

1 gehäufter TL Mandelbutter

Agavendicksaft zum Beträufeln

ZUBEREITUNG

1. Am Vorabend die Haferflocken mit dem Kakaopulver in eine Schale geben und gründlich vermischen. Die Hafermilch darübergießen (falls die Mischung noch zu trocken ist, etwas mehr nehmen), abdecken und über Nacht zum Einweichen in den Kühlschrank stellen.

2. Am Morgen die Haferflocken gut umrühren und mit den Mandeln und den Cranberrys garnieren. Kokosraspeln darüberstreuen und einen Klacks Mandelbutter in die Mitte setzen. Falls gewünscht, eine kleine Menge Agavendicksaft darüberträufeln.

ZIMTKEKS-
QUINOASCHALE
mit Apfelspalten

für 4 Personen

Das alleskönnende Quinoa-Getreide aus den Anden ist nicht nur eine gute Option für das Mittag- oder Abendessen. Es ist auch eine hervorragende Frühstücksalternative, die reich an Protein ist und unglaublich gut sättigt. Wenn Ihnen Haferflocken zum Hals heraushängen, Sie aber immer noch Lust auf eine wärmende Schüssel Cerealien am Morgen haben, dann könnte dieses fantastische Gericht mit Mandelmilch und Zimt genau das Richtige für Sie sein. Die karamellisierten Apfelspalten geben diesem Ganzjahresrezept, das selbst dem größten Morgenmuffel ein Lächeln ins Gesicht zaubert, noch mehr Geschmack. Und wenn Sie es nicht komplett am Morgen zubereiten wollen (so etwas kommt vor), machen Sie es einfach schon am Abend vorher und wärmen es am nächsten Tag mit etwas Milch auf. Der köstlich gewürzte Getreidebrei erinnert vom Geschmack her an Zimtkekse, und denen macht er auch gehörig Konkurrenz.

ZUTATEN

Für die Quinoaschale
350 ml Mandelmilch (plus Extra-menge zum Servieren)
75 g Agavendicksaft
1 TL Zimtpulver
¼ TL frisch gemahlene Muskatnuss
1 Zimtstange
2 Kardamomkapseln
190 g Quinoa

Für die karamellisierten Äpfel
3 TL Ahornsirup
2 Granny-Smith-Äpfel, geschält, entkernt und in Spalten geschnitten
1 TL Zimtpulver

ZUBEREITUNG

1. Für die Quinoaschale die Mandelmilch in einem mittelgroßen Topf mit Agavendicksaft, Zimtpulver und Muskat vermengen. Die Zimtstange und die Kardamomkapseln hinzufügen und die Milchmischung zum Köcheln bringen. Den Quinoa dazugeben, die Hitze reduzieren und abgedeckt leicht siedend ziehen lassen. Dabei immer wieder umrühren. Sobald die Flüssigkeit eingezogen ist (dauert etwa 20 Minuten), den Topf von der Herdplatte ziehen und Zimtstange und Kardamomkapseln entfernen.

2. Für die karamellisierten Äpfel den Ahornsirup in einer Pfanne erhitzen und die Apfelspalten mit dem Zimtpulver dazugeben. So lange weiterköcheln lassen, bis die Äpfel weich sind und der Sirup eingedickt ist (dauert etwa 15 Minuten).

3. Den Quinoabrei in kleinen Schalen mit einem Schuss Mandelmilch servieren und mit den karamellisierten Äpfeln garnieren.

FRÜHSTÜCKSBROWNIE
auf Erdbeeren

für 2 Personen

Um die Wahrheit zu sagen, hatte ich Schokolade vor meiner Bekehrung zum Veganismus nicht wirklich auf dem Schirm. Widerlich süße Milchschokoladeriegel waren einfach nie mein Ding. Seit ich begeistert in eine Welt ohne Milchprodukte eingetaucht bin, bin ich jedoch regelrecht besessen von der luxuriösesten aller Süßigkeiten. Darum musste ich einfach einen Weg finden, daraus eine vollwertige Frühstücksidee zu machen. Den schmalen Grat zwischen Genuss und Gesundsein zu treffen, ist nicht immer leicht. Aber mit Erdbeeren, Kakao und dunklen Schokoladeraspeln sind Haferflocken mit Sicherheit nie wieder langweilig. Diese gebackene Variante ist kein klassischer Haferbrei. Sie ist reichhaltig, kompakt und erinnert von der Konsistenz her an unser aller Lieblingskuchen, den bescheidenen, aber leckeren Brownie. Der besondere Bonus besteht darin, dass man diesen hier vorher statt nachher essen darf. Hurra!

ZUTATEN

200 ml Mandelmilch
1 gehäufter EL ungesüßtes Kakaopulver
1 EL Agavendicksaft oder Ahornsirup
einige Tropfen Vanillearoma
300 g kernige Haferflocken
1 Prise Steinsalz
1 EL dunkle Schokoladenraspeln
150 g Erdbeeren, entstielt und halbiert

ZUBEREITUNG

1. Den Backofen auf 180 °C (160 °C Umluft) vorheizen.

2. In einer Schüssel Mandelmilch, Kakaopulver, Agavendicksaft oder Ahornsirup und Vanillearoma verrühren, bis sich alles miteinander verbindet.

3. Die Haferflocken mit einer Prise Salz würzen. Anschließend die Mandelmilch-Mischung dazugeben und die Schokoladenraspeln unterrühren.

4. Erdbeeren gleichmäßig auf zwei Auflaufformen verteilen. Die Haferflockenmischung darübergießen, im Backofen auf der mittleren Schiene 15 bis 20 Minuten lang backen.

5. Herausnehmen und noch warm servieren.

TIPP
Geben Sie vor dem Servieren einen Extraschuss Mandelmilch oder Agavendicksaft dazu.

Kokosnuss-, Dattel- und MANDEL-MÜSLI

für 8 bis 10 Personen

Müsli ist ein fester Bestandteil auf unserem Frühstückstisch. Irgendwann dämmerte mir, dass ich ein Vermögen dafür ausgab, was mich auf dieses einfache Rezept brachte. Es ist nicht nur besser für den Geldbeutel, sondern sogar besser für den Gaumen. Sie können die Nüsse und Trockenfrüchte ganz nach Ihrem Geschmack zusammenstellen. Ich liebe diese Mischung aus Kokosnuss, Datteln und Mandeln, weil sie die Lust auf Süßes stillt und trotzdem nicht allzu tugendhaft daherkommt. Kombinieren Sie das Müsli mit frischem Obst und cremigem Kokosjoghurt. So starten Sie mit Genuss in den Morgen.

ZUTATEN

1 TL Sonnenblumen- oder Kokosöl

100 ml Ahornsirup

einige Tropfen Vanillearoma

250 g kernige Haferflocken

½ TL Zimtpulver

100 g ganze Mandeln

50 g Kürbiskerne

50 g Kokosraspeln

50 g Mandelblättchen

50 g entsteinte Trockendatteln, fein gehackt

frisches Obst und Kokosjoghurt zum Servieren

ZUBEREITUNG

1. Den Backofen auf 150 °C (120 °C Umluft) vorheizen. Öl, Sirup und Vanillearoma in einem kleinen Glas miteinander verquirlen.

2. Haferflocken auf einem Backblech ausbreiten. Zimt darüberstreuen und gut vermischen. Dann 10 Minuten im Ofen auf der mittleren Schiene leicht rösten.

3. Anschließend die ganzen Mandeln, die Kürbiskerne und die Hälfte der Kokosraspeln dazugeben und vermengen. Die Sirupmischung über das Müsli gießen, gut verteilen, bis alles bedeckt ist, und weitere 15 Minuten backen. Zuletzt die Mandelblättchen hinzufügen und nochmals 5 bis 10 Minuten backen.

4. Aus dem Ofen nehmen. Die restlichen Kokosraspeln und die gehackten Datteln dazugeben und untermischen. Beiseitestellen und vollständig abgekühlt in einen luftdicht verschließbaren Behälter füllen. Dort bleibt das Müsli 14 Tage lang haltbar.

5. Mit frischem Obst und Kokosjoghurt servieren.

Banane-Mango-
GEFRORENES

für 1 bis 2 Personen

Etwas Magisches passiert mit gefrorenen Früchten, wenn sie püriert werden: Für mich schmecken sie dann genauso gut wie Pudding. Diese Fruchtkombination ist mein absoluter Favorit. Von der Konsistenz her liegt sie zwischen einem Smoothie und Softeis, daher isst man sie am besten mit dem Löffel. Aber wenn Sie lieber einen Strohhalm nehmen wollen, nur zu!

ZUTATEN

1 Banane
1 Mango
100 ml Kokosmilch

1 Handvoll gefrorene Beeren zum
Anrichten (optional)

ZUBEREITUNG

1. Banane schälen, Mango schälen und entsteinen. Beide Früchte in mittelgroße Stücke schneiden. Entweder in einem verschließbaren Gefrierbeutel oder in einem luftdichten Behälter über Nacht ins Gefrierfach legen.

2. Am nächsten Tag die gefrorenen Bananen- und Mangostücke mit der Kokosmilch mit dem Stabmixer pürieren, bis eine geschmeidige Masse entsteht. Sofort in einem Glas servieren. Ich nehme dazu manchmal ein Einweckglas und dekoriere es mit einer Mischung gefrorener Beeren.

SOMMERBEEREN- „Buttermilch"- PANCAKES

ergibt 8 bis 10 Pancakes / für 2 bis 4 Personen

Pancakes sind perfekt zum Brunch und ein toller Start ins Wochenende. Außerdem kann man Gäste damit hervorragend beeindrucken. Dieses Grundrezept lässt sich nach Herzenslust variieren, zum Beispiel mit Blaubeeren, Schokoladenstückchen oder Rosinen. Ich liebe die Kombination aus kandierter Walnuss und Muskat.

ZUTATEN

Für die Pancakes
150 g Weizenmehl
40 g Zucker
1 ½ TL Backpulver
1 TL Natron
1 Prise Meersalz
½ TL frisch geriebene Muskatnuss
240 ml Sojamilch
1 TL Apfelessig
1 Banane, geschält und zerdrückt
15 g Sojabutter
1 EL Sonnenblumenöl (plus Extramenge zum Braten)

Für die kandierten Walnüsse
100 g zerkleinerte Walnüsse
1 EL Agavendicksaft

Zum Anrichten
frische Beeren
frisch geriebene Muskatnuss
Agavendicksaft oder Ahornsirup

ZUBEREITUNG

1. In einer großen Schüssel die trockenen Zutaten für den Teig gründlich vermischen. Für die „Buttermilch" die Sojamilch und den Apfelessig in einem Glas verrühren und einige Minuten lang zum Gerinnen beiseitestellen.

2. Die zerdrückte Banane mit der Sojamilch-Mischung verquirlen. Eine Mulde in die trockenen Zutaten drücken und die Bananenmilch hineingießen. Vorsichtig verrühren, bis daraus ein flüssiger Teig entstanden ist.

3. Butter mit dem Öl in einer mittelgroßen, beschichteten Pfanne schmelzen, zum Teig gießen und verrühren, bis Butter und Öl vollständig eingearbeitet sind. Ich benutze dazu einen Schneebesen. Den Teig eine Weile gehen lassen, damit die Pancakes besser aufgehen.

4. Den Backofen auf 100 °C (Umluft 80 °C) vorheizen. Etwas Öl in der Pfanne erhitzen, eine Schöpfkelle Teig hineingeben (etwa 8 cm Durchmesser) und so lange braten, bis die Oberseite Blasen wirft, dann wenden und von der anderen Seite fertig backen. Auf einen Teller geben und im Backofen warm halten. Dabei nicht stapeln, sonst weichen die Pancakes auf. So den ganzen Teig verarbeiten.

5. Die Pfanne mit Küchenpapier säubern. Die Walnüsse hineingeben und bei mittlerer Hitze ein paar Minuten lang rösten. Erst dann den Agavendicksaft dazugeben und ständig rühren. Die Walnüsse sollten erst klebrig und dann etwas hart werden.

6. Die Pfannkuchen mit frischen Beeren, den kandierten Walnüssen, einer ordentlichen Prise geriebener Muskatnuss und einem großzügigen Schuss Agavendicksaft oder Ahornsirup servieren. Zeit zum Brunchen!

Mit Rosmarin und Birnen gefüllte
ARME RITTER

für 2 Personen

Rosmarin scheint auf den ersten Blick nicht besonders naheliegend, aber vertrauen Sie mir: Er gibt den Birnen eine zarte Gewürznote, die sowohl vom Duft als auch geschmacklich einfach köstlich ist. Ich habe eine Schwäche für ungewöhnliche Kombinationen, auch wenn das Ergebnis zugegebenermaßen manchmal nur wenig beeindruckt. Zum Glück war diesem Rezept hier eine Erfolgsgeschichte beschieden. Der Rosmarin fügt dem ansonsten einfachen Gericht eine raffinierte Note hinzu.

ZUTATEN

Für die geschlagene Kokoscreme
400 ml Kokosmilch, gekühlt
100 g Puderzucker
einige Tropfen Vanillearoma

Für die Birnen
2 Birnen, geschält, entkernt und in
Spalten geschnitten
50 ml Ahornsirup
1 Zweig Rosmarin

Für die Armen Ritter
1 Banane, geschält
400 ml Kokoswasser (Bioladen)
einige Tropfen Vanillearoma
1 EL Maismehl
¼ TL Zimtpulver
1 Prise frisch geriebene Muskatnuss
1 EL Agavendicksaft
4 dicke Scheiben krosses Weißbrot
2 EL Sonnenblumenöl
1 EL vegane Margarine

ZUBEREITUNG

1. Für die Kokoscreme die hart gewordene oberste Schicht der gekühlten Kokosmilch vorsichtig mit einem Löffel abkratzen und in eine Rührschüssel geben (sobald man auf Flüssigkeit trifft, aufhören). Zucker und Vanillearoma dazugeben und mit dem elektrischen Handrührgerät schaumig schlagen. Anschließend kühl stellen.

2. Birnenspalten mit dem Ahornsirup und dem Rosmarinzweig in einer mittelgroßen Pfanne langsam erhitzen. Etwa 5 Minuten weich garen, dann wenden und 4 bis 5 Minuten von der anderen Seite garen. Den Rosmarinzweig entfernen und die Birnen auf einem Teller abkühlen lassen. Die Pfanne mit Küchenpapier säubern.

3. Die Banane auf einem Teller zerdrücken und mit Kokoswasser, Vanillearoma, Maismehl, Zimt, Muskat und Agavendicksaft verquirlen, bis eine geschmeidige Masse entsteht. Jeweils eine Scheibe Brot mit den Birnenspalten belegen und mit einer zweiten zusammenklappen.

4. Die Birnensandwiches in die Bananen-Kokos-Mischung legen und etwa 10 Minuten darin einweichen. Nach der Hälfte der Zeit einmal wenden.

5. Öl und Margarine in der Pfanne bei mittlerer Hitze erhitzen. Die Sandwiches in die Pfanne beidseitig 5 bis 7 Minuten lang braten. Das Brot dabei mit dem Rücken des Pfannenwenders etwas zusammendrücken, damit die Unterseite goldbraun wird. Die Armen Ritter warm mit einem Klacks geschlagener Kokoscreme servieren.

Kräftig-nussiges
FRÜHSTÜCKSBROT

ergibt einen Laib von 500 g

Immer nur Toast zum Frühstück kann irgendwann langweilig werden, was meiner Lust auf Brot am Morgen jedoch keinen Abbruch tut. Die Zutatenliste für dieses hier mag auf den ersten Blick etwas lang erscheinen (und das ist sie auch), aber dafür reicht ein Brotlaib in der Regel auch mehrere Tage. Oder Sie verköstigen damit eine größere Gruppe bei einem gesunden Brunch. Weißmehl ist normalerweise nicht meine erste Wahl, aber ein Brot, das zu 100 Prozent aus Vollkorn besteht, ist oft schwierig zu backen und von sehr fester Konsistenz. Die Kombination von verschiedenen Mehlsorten und Leinsamen macht es schön kräftig und nussig, sodass es sehr gut satt macht. Zwar nicht unbedingt täglich, aber ab und zu ein wunderbarer Leckerbissen zum Frühstück.

ZUTATEN

Sojabutter für die Form
175 g Weizenmehl (Type 1050)
75 g Vollkornweizenmehl
30 g kernige Haferflocken
30 g geschrotete Leinsamen
1 TL Backpulver
½ TL Natron
1 Banane, geschält
175 ml Sojamilch (oder andere
Pflanzenmilch, wie Kokosmilch)
50 ml Sojajoghurt
1 TL Apfelessig
50 ml Sonnenblumenöl
100 ml Agavendicksaft (oder anderes veganes Süßungsmittel)
50 g entsteinte Dörrpflaumen,
grob gehackt
50 g Walnüsse, grob gehackt

ZUBEREITUNG

1. Den Backofen auf 180 °C (keine Umluft) vorheizen. Eine Brotform für einen 500-g-Laib einfetten.

2. Mehle, Haferflocken und geschrotete Leinsamen in einer großen Rührschüssel mit Backpulver und Natron vermischen.

3. Banane pürieren oder zerdrücken. Mit Sojamilch, Sojajoghurt, Apfelessig, Öl und Agavendicksaft verrühren, bis alles gut miteinander vermischt ist.

4. In die Mitte der trockenen Zutaten eine Mulde drücken und die Sojamilch-Mischung hineingießen. Behutsam unterheben, bis ein geschmeidiger Teig entsteht. Zuletzt Pflaumen und Walnüsse unterheben und den Teig in die vorbereitete Brotform füllen. Die Oberfläche glatt streichen und die Form einmal kräftig auf die Arbeitsfläche klopfen, damit eventuelle Luftblasen entweichen können.

5. Etwa 1 Stunde im Ofen auf der unteren Schiene backen. Zum Test mit einem Holzstäbchen in die Brotmitte stechen, wenn kein Teig kleben bleibt, dann ist es fertig. Das Brot erst einige Minuten in der Form abkühlen lassen, dann herauslösen und auf dem Kuchengitter abkühlen lassen. In einem luftdichten Behälter aufbewahren (falls Sie nicht sofort alles aufessen!). Die Brotscheiben schmecken köstlich mit veganer Butter bestrichen!

Morgendliche
HAFERRIEGEL

für 8 bis 10 Personen

Manchmal reicht die Zeit morgens gerade mal, um schnell etwas Essbares zu schnappen und unterm Gehen in den Mund zu stopfen. Es ist schön und gut, wenn man sein Frühstück in aller Ruhe vorbereiten und dann gemütlich genießen kann. Realistisch betrachtet, ist dazu jedoch oft nicht die Zeit. Hier kommen diese Haferriegel ins Spiel. Ich sage nicht, dass sie völlig ohne Sünde sind (Hallo, Süßungsmittel und Margarine!), aber es steckt so viel Wertvolles in diesen kleinen Quadraten, dass Sie damit bis zum Mittagessen durchhalten können. Dann machen Sie es mit einem Teller Reis und Grünkohl wieder gut, okay?

ZUTATEN

250 g zarte Haferflocken

50 g Rosinen

4 Datteln, entsteint und gehackt
(z. B. Medjoul)

40 g Wal- oder Pekannüsse,
gehackt

60 g gemischte Kerne

30 g Kokosraspeln

3 EL vegane Margarine

100 ml Agavendicksaft

100 ml Ahornsirup

ZUBEREITUNG

1. Den Backofen auf 180 °C (Umluft 160 °C) vorheizen. Eine 23 cm breite Backform mit Backpapier auslegen.

2. Haferflocken, Rosinen, Datteln, Nüsse, Kerne und Kokosraspeln in einer großen Schüssel gut vermischen.

3. Margarine, Agavendicksaft und Ahornsirup in einer kleine Pfanne langsam erhitzen, bis die Flüssigkeit Blasen wirft. Anschließend vom Herd nehmen.

4. Den geschmolzenen Margarine-Sirup über die Haferflockenmischung gießen, alles gut miteinander verrühren und vollständig mit Sirup bedecken.

5. Masse in die ausgelegte Backform füllen. Kompakt in der Form verteilen und die Oberfläche mit dem Rücken eines Pfannenwenders oder einem Teigspatel glattstreichen.

6. Im Ofen auf der mittleren Schiene 30 Minuten lang backen. Nach dem Herausnehmen noch heiß in der Form mit dem Messer Quadrate einritzen, aber noch nicht ganz durchschneiden. Erst nach dem vollständigen Abkühlen in Quadrate teilen. Luftdicht verpackt sind die Haferriegel etwa eine Woche lang haltbar.

GLUTENFREIE
Blaubeer-
MUFFINS

ergibt 6 große Muffins

Nichts schmeckt am Morgen besser als eine Tasse Kaffee und ein frisch gebackener Blaubeer-Muffin. Und perfekt wird's, wenn dieser Muffin auch noch
glutenfrei ist und ohne Raffinadezucker und Öl auskommt. Ich weigere mich,
dem Süßen ganz zu entsagen, daher der Ahornsirup und die vielen Beeren.
Dieses Rezept wird umso köstlicher, je mehr Blaubeeren Sie verwenden.
Streuen Sie also ruhig noch ein paar extra darüber, bevor Sie die Muffins in
den Backofen schieben. Am besten isst man sie einen Tag nach dem Backen
(wenn Sie so lange warten können!). Das erlaubt dem herrlich tintenblauen
Blaubeersaft, den Teig so richtig zu durchdringen. Die Muffins lassen sich also
prima vorbereiten. Obwohl ich persönlich Gluten nicht meiden muss, finde
ich die Konsistenz und den Geschmack von Kichererbsenmehl hier einfach
besser. Der einzige Nachteil ist, dass es nicht bei nur einem Muffin bleibt …

Zutaten

100 g Kichererbsenmehl
50 g gemahlene Mandeln
25 g Kokosraspeln
½ TL Natron
¾ TL Backpulver
1 Banane, geschält und zerdrückt,
oder 3 EL Apfelmus
120 ml Mandelmilch
einige Tropfen Vanillearoma
100 g Ahornsirup
200 g Blaubeeren

Zubereitung

1. Den Backofen auf 180 °C (160 °C Umluft) vorheizen. Ein Muffinblech mit
sechs Muffinförmchen aus Papier auskleiden.

2. Mehl, gemahlene Mandeln, Kokosraspeln, Natron und Backpulver miteinander vermischen.

3. Die zerdrückte Banane oder das Apfelmus in einer Schale mit der Mandelmilch, Vanillearoma und Sirup verquirlen.

4. In die Mitte der Mehlmischung eine Mulde drücken und die Mandelmilch-Mischung hineingießen. Behutsam unterheben, bis ein cremiger Teig
entsteht (aber nicht zu stark bearbeiten). Die Blaubeeren unterheben.

5. Den Teig bis etwa 1 cm unter den Rand in die Muffinförmchen füllen. Im
Ofen 20 bis 25 Minuten auf der mittleren Schiene backen. Auf dem Kuchengitter abkühlen lassen und luftdicht verpacken.

~ Getoasteter ~
FRÜHSTÜCKSBURRITO

für 4 Personen

Für dieses Rezept braucht man etwas mehr Zeit in der Küche, als man werktags normalerweise zur Verfügung hat. Daher reserviere ich es mir gerne als Option für den Brunch am Wochenende. Und es ist das Warten auf jeden Fall wert. Die Kombination von Rührtofu und Bohnen enthält eine doppelte Portion Protein, die jede Menge Energie für den Tag liefert. Damit ist dieser Burrito die perfekte Alternative zum traditionell fettreichen englischen Frühstück.

ZUTATEN

Für die Bohnen
1 EL Olivenöl
1 Zwiebel, fein gehackt
400 g Bohnen aus der Dose
(z. B. Pinto oder Borlotti)
1 TL Kreuzkümmelpulver
½ TL geräuchertes Paprikapulver
1 Gemüsebrühwürfel
1 TL Tomatenmark
1 EL glatte Petersilie, fein gehackt
Salz und schwarzer Pfeffer

Für die Guacamole
1 Avocado, geschält und entkernt
Saft von 1 Limette
50 g Korianderblätter, fein gehackt

Für den Rührtofu
1 EL Olivenöl
1 Frühlingszwiebel, kleine Ringe
200 g Tofu natur (siehe Seite 33)
je ½ TL Knoblauch-, Kurkumapulver

ZUBEREITUNG

1. Für die Bohnen das Olivenöl in der Pfanne erhitzen und die Zwiebeln glasig anschwitzen. Die Bohnen in ein Sieb abgießen und waschen. Zusammen mit dem Kreuzkümmel und dem Paprikapulver zu den Zwiebeln geben und einige Minuten mitbraten, dann den Gemüsebrühwürfel hineinkrümeln. Tomatenmark und 100 ml kaltes Wasser hinzufügen. 10 bis 15 Minuten leicht köcheln lassen, bis das Wasser reduziert ist. Dabei gelegentlich umrühren. Die fertigen Bohnen mit der Petersilie bestreuen, mit Salz und Pfeffer abschmecken.

2. Für die Guacamole die Avocado in grobe Würfel schneiden. Salzen, den Limettensaft darübergießen und den Koriander unterrühren. Beiseitestellen.

3. Für den Rührtofu das Olivenöl in einer mittelgroßen Pfanne erhitzen. Die Frühlingszwiebel kurz anschwitzen, dann den Tofu hineinbröseln. Mit Knoblauchpulver, Kurkuma und Salz würzen. Senf und Essig miteinander verquirlen und zum Tofu gießen. Die Mischung 10 bis 15 Minuten lang braten, dabei gelegentlich umrühren. Den Rührtofu in eine Schüssel füllen und nochmals abschmecken. Die Pfanne auswischen und wieder auf den Herd stellen.

4. Die Tortillas auf die Arbeitsfläche legen. Den Spinat gleichmäßig auf den Fladen verteilen. Die Bohnen, den Rührtofu und die Guacamole daraufgeben, mit einem großzügigen Schuss Tabasco würzen und zuklappen. Dazu zuerst die Seiten zur Mitte falten, mit dem Daumen festhalten und oberes und unteres Ende übereinanderlegen. Burrito vorsichtig umdrehen und mit

WEITER »

Zutaten

½ TL Meersalz

¼ TL Dijonsenf

¼ TL Apfelessig

4 große Vollkornweizen-Tortillas

100 g Babyspinat, verlesen und gewaschen

Tabascosoße

Zubereitung

der Öffnung nach unten in die heiße Pfanne legen, 4 bis 5 Minuten rösten, dann mit einer Grillzange wenden und von der anderen Seite fertigbraten.

5. Die Frühstücksburritos mit der Grillzange auf ein Schneidebrett legen und vor dem Servieren mit einem scharfen Messer schräg in Scheiben schneiden.

Überbackene Brunch-
PILZE

für 4 Personen

Ich koche diese leckeren Pilze so oft, dass es schon fast nicht mehr normal ist. Die Kokosmilch macht das Gericht etwas reichhaltiger und die Füllung aus Spinat und Lauch schön cremig. Wenn man sich ans Rezept hält, schmeckt man sie kaum heraus. Sie können zum Überbacken gern noch eine weitere Zutat hinzufügen (beispielsweise Hefeflocken oder Semmelbrösel). Allerdings überbacken die Pilze im Ofen auch ohne Belag so schön, dass es beinahe eine Schande wäre, an ihrer Perfektion herumzudoktern.

ZUTATEN

4 Riesenchampignons
1 EL extra-natives Olivenöl
1 EL Olivenöl (plus Extramenge für die Auflaufform)
1 Stange Lauch, in feine Ringe geschnitten
3 Knoblauchzehen, fein gehackt
150 g Spinat, verlesen und gewaschen
½ TL frisch geriebene Muskatnuss
1 Prise Cayennepfeffer
100 ml Kokosmilch
¼ TL Dijonsenf
Steinsalz und frisch gemahlener schwarzer Pfeffer

Toast zum Servieren

ZUBEREITUNG

1. Den Backofen auf 200 °C (180 °C Umluft) vorheizen.

2. Pilze behutsam mit Küchenpapier säubern und die Stiele herausdrehen. Die Hüte mit extra-nativem Olivenöl bestreichen und rundum mit Salz und Pfeffer würzen. Die Pilze mit der Öffnung nach oben in eine mit Olivenöl eingepinselte Auflaufform setzen.

3. Olivenöl in einer Pfanne erhitzen. Den Lauch bei schwacher Hitze darin anbraten, bis er weich wird. Die gehackten Knoblauchzehen hinzufügen und einige Minuten mitgaren.

4. Den Spinat hinzufügen, mit Muskat und Cayennepfeffer würzen und zerfallen lassen.

5. Zuletzt die Kokosmilch und den Senf unterrühren. Kräftig mit Salz und Pfeffer würzen und so lange bei schwacher Hitze köcheln lassen, bis die Soße eindickt (etwa 5 bis 10 Minuten).

6. Die Pilze mit der cremigen Spinatmischung füllen und 25 bis 30 Minuten im Ofen auf der mittleren Schiene überbacken. Herausnehmen und sofort mit warmem Toast servieren.

Einfacher RÜHRTOFU

für 2 Personen

Früher war Rührei immer besonders beliebt auf meiner morgendlichen Wochenend-Speisekarte. Daher kann ich nicht leugnen, dass mich der Gedanke an diesen Verlust etwas traurig machte, als ich mich für ein veganes Leben entschied. Ich konnte ja nicht ahnen, dass es den perfekten Ersatz für mein Lieblingsfrühstück gab. Und ungelogen, er schmeckt mir besser als das Original. Am Anfang war ich noch recht skeptisch, denn bei Tofu muss man tief in die Gewürzschublade greifen. Aber keine Sorge: Mit diesem Rezept sind Sie auf der sicheren Seite. Falls Sie dennoch eher Ihre eigenen Socken essen würden (ich fühlte anfangs ähnlich), schlage ich Ihnen vor, alle Vorbehalte gegenüber Tofu abzulegen und wenigstens ein Löffelchen zu probieren. Vielleicht wartet ja eine gerührte Überraschung auf Sie!

ZUTATEN

400 g Tofu natur
1 EL Olivenöl
2 Frühlingszwiebeln, in Ringe geschnitten
1 TL mildes Currypulver
1 TL Apfelessig
1 TL Zitronensaft
100 g Babyspinat, verlesen und gewaschen
Salz und frisch gemahlener schwarzer Pfeffer

Zum Anrichten
frisch gehackte glatte Petersilie
Toast

ZUBEREITUNG

1. Den Tofu auf einem flachen Teller mit einem Küchenbrett bedecken und dieses beschweren (z. B. mit großen Dosen oder Getränkekartons). Auf diese Weise den Tofu etwa 15 Minuten auspressen. Die restliche Flüssigkeit anschließend mit der Hand ausdrücken.

2. Das Olivenöl in einer mittelgroßen Pfanne erhitzen. Die Frühlingszwiebeln dazugeben. Wenn die Zwiebeln anfangen, weich zu werden, den Tofu darüberkrümeln.

3. Kurz bei mittlerer Hitze anbraten, dann das Currypulver, Essig und Zitronensaft hinzufügen und weitere 5 bis 10 Minuten braten.

4. Zuletzt den Spinat hinzufügen und zerfallen lassen. Mit Salz und Pfeffer würzen. Den Rührtofu mit der Petersilie garniert und mit warmem Toast servieren.

HERZHAFTER
Kichererbsen-
PFANNKUCHEN

für 2 bis 4 Personen

Frühstück scheint die verzwickteste Mahlzeit für Veganer zu sein, denn so sehr man sich auch dagegen wehrt, man verfällt schnell in langweilige Routine. Auch ich erwische mich dabei, wie ich wochenlang eingeweichte Haferflocken esse. Doch sobald Sie diesen wunderbaren Kichererbsen-Pfannkuchen Ihrem Frühstücks- und vor allem Brunchrepertoire hinzugefügt haben, wird es wieder etwas spannender. Wir verdanken dieses Rezept dem Mekka der Vegetarier, Indien. Ich habe es allerdings etwas abgewandelt und backe nur einen großen, dicken Pfannkuchen statt mehrerer dünner. Für mich ist er eine Art indische Pizza, denn er kann genauso in Stücke geteilt und serviert werden. Bei den schier endlosen Möglichkeiten zum Belegen ist dieser kinderleichte Teig nur die Basis, mit der Sie Ihre eigenen veganen Kochträume verwirklichen können. Also, gehen Sie hin und backen Sie Pfannkuchen!

ZUTATEN

165 g Kichererbsenmehl
¼ TL Backpulver
¼ TL Kreuzkümmelpulver
¼ TL Paprikapulver
1 Prise Cayennepfeffer
1 Prise getrocknete Chiliflocken
1 TL Meersalz
½ TL frisch gemahlener Pfeffer
Saft von 1 Zitrone
3–4 TL Sonnenblumenöl
45 g Erbsen, gekocht
45 g Mais, gekocht
1 Frühlingszwiebel, fein geschnitten
1 EL frisch gehackter Koriander

ZUBEREITUNG

1. Kichererbsenmehl in einer großen Schüssel mit Backpulver, Gewürzen, Salz und Pfeffer vermengen.

2. 120 ml Wasser und den Zitronensaft dazugießen und alles zu einem dickflüssigen Teig verrühren.

3. Öl in einer beschichteten Pfanne mit einem Durchmesser von 25 bis 30 cm langsam erhitzen. Der Pfannkuchen sollte langsam gebacken werden.

4. Die Erbsen, Mais, Frühlingszwiebeln und Koriander unter den Teig heben. Den ganzen Teig auf einmal in die Pfanne gießen und mit dem Pfannenwender gleichmäßig verteilen.

5. Bei schwacher Hitze etwa 10 Minuten backen, bis der Pfannkuchen auf der Unterseite goldbraun ist. Dann vorsichtig wenden und 5 bis 7 Minuten von der anderen Seite fertig backen.

6. Den dicken, festen Pfannkuchen nach Belieben geviertelt oder in Pizzastücke geteilt servieren.

GEMÜSERÖSTIS

mit rauchiger Salsa

für 2 bis 4 Personen

Frühstück, Vorspeise oder Snack? Das entscheiden Sie. In jedem Fall ist dieses supereinfache Rösti-Rezept eine tolle Möglichkeit, Ihr Verlangen nach Frittiertem zu stillen, ohne zu etwas richtig Ungesundem greifen zu müssen. Das knusprige Äußere lässt das Rösti nämlich viel ungesünder erscheinen, als es ist. Und die rauchige Salsa mit ihrer tollen Röstnote bekommt von mir gleich zwei Daumen nach oben.

ZUTATEN

Für die Salsa
150 g Kirschtomaten, halbiert
Salz
½ TL brauner Zucker
1 EL Aceto balsamico
2 EL extra-natives Olivenöl
2 gegrillte rote Paprika (aus dem Glas), abgetropft, grob geschnitten
1 rote Chilischote, entkernt und grob gehackt
1 Knoblauchzehe, grob gehackt
½ TL geräuchertes Paprikapulver
frisch gemahlener schwarzer Pfeffer

Für das Rösti
1 große Zucchini, geraspelt
1 große Karotte, geraspelt
1 große Kartoffel, geraspelt
1 Prise weißer Pfeffer
¼ TL Knoblauchpulver
Saft von ½ Zitrone
2 EL Olivenöl
frisch gehackte glatte Petersilie zum Garnieren

ZUBEREITUNG

1. Den Backofen auf 200 °C (180 °C Umluft) vorheizen.

2. Die Tomaten auf einem Backblech verteilen. Salzen, mit dem Zucker bestreuen und mit Essig und der Hälfte des Olivenöls beträufeln. 20 Minuten im Ofen auf der mittleren Schiene backen, beiseitestellen und abkühlen lassen.

3. Die kalten Tomaten, Paprika, Chilischote, Knoblauchzehe, Paprikapulver und das restliche Öl mit dem Stabmixer zu einer grobstückigen Soße pürieren. Mit Salz und Pfeffer abschmecken.

4. Für das Rösti das geraspelte Gemüse in ein sauberes Geschirrtuch einschlagen, die Enden verknoten und die überschüssige Flüssigkeit herauspressen. Die Gemüseraspeln in einer großen Schüssel mit dem weißen Pfeffer, Knoblauchpulver, Zitronensaft und 1 Esslöffel Olivenöl gut verrühren.

5. Das restliche Olivenöl in einer Pfanne erhitzen. Die Gemüsemischung mit feuchten Händen zu Röstis formen und in die Pfanne geben. Bei mittlerer Hitze 5 bis 10 Minuten braten, bis die Unterseite goldbraun ist, dazu vorsichtig mit dem Pfannenwender anheben. Wenden und von der anderen Seite fertig braten.

6. Die fertigen Gemüseröstis noch heiß mit der Salsa und mit frisch gehackter Petersilie bestreut servieren.

Supergrüner SMOOTHIE

für 2 Personen

Allen, denen sich schon beim bloßen Gedanken an Grünkohl in einem Smoothie die Zehennägel aufrollen, möchte ich eines sagen: Mir ging es erst ganz genauso. Ich musste mich tatsächlich etwas überwinden, um es wenigstens einmal zu probieren. Aber dann – Junge, Junge, war ich überrascht! Schmeckt nach Grünzeug? Nicht wirklich. Ein bisschen bitter? Im Gegenteil. Das Verhältnis von Obst und Gemüse ist perfekt ausgewogen. Das macht diesen Smoothie zu einer Frühstücksvariante, die nach mehr schmeckt und für einen tollen Start in den Tag sorgt.

Zutaten

100 g Grünkohl, verlesen und fein gehackt

1 Stange Staudensellerie, in Scheiben geschnitten

½ Gurke, geschält und entkernt

2 Äpfel, geschält, entkernt und in Stücke geschnitten

3 Datteln, entsteint (z. B. Medjoul)

1 Zimtpulver

Saft von 1 Limette

Saft von ½ Zitrone

3–4 Eiswürfel (plus Extrawürfel zum Servieren)

Zubereitung

1. Alle Zutaten in den Standmixer geben. 180 ml kaltes Wasser hinzufügen und glatt pürieren (das kann eine Zeit lang dauern). Wenn nötig, noch etwas Wasser dazugießen.

2. Gleichmäßig auf zwei hohe Gläser verteilen und mit viel Eis servieren.

Mittagessen & SCHNELLE ABENDESSEN

GAZPACHO-
Shots

für 6 bis 8 Personen

Meine Vorliebe für Suppen erstreckt sich bis hin zur kalten
Variante. Und in dieser (oft geschmähten) Kategorie ist keine so
perfekt wie die Gazpacho. Ob Sie ein Fan dieser spanischen
Spezialität sind oder eher verstört auf ein Essen reagieren, das
aus kaltem, püriertem Gemüse besteht: Diese harmonische
Kombination aus sommerlichen Zutaten schmeckt köstlich, wie
purer Nektar! Ich serviere Gazpacho gern als Amuse-Gueule
in Espressotassen oder Schnapsgläsern. Gerade genug, um den
Appetit anzuregen und darauf neugierig zu machen, was das
Menü sonst noch zu bieten hat.

ZUTATEN

5 große Tomaten
2 Scheiben altbackenes Weißbrot,
ohne Kruste
½ grüne Paprika, grob geschnitten
1 kleine Stange Staudensellerie,
grob geschnitten
2 Frühlingszwiebeln, grob
geschnitten
⅓ Gurke, geschält und in Stücke
geschnitten
1 Knoblauchzehe
1 EL Rotweinessig
4 EL extra-natives Olivenöl
Salz und frisch gemahlener
schwarzer Pfeffer

ZUBEREITUNG

1. Die Stielansätze von den Tomaten entfernen, die Schale kreuzweise einritzen und mit kochendem Wasser übergießen. Kurz ziehen lassen, herausho-
len und die Schale abziehen. Entkernen und das Fruchtfleisch grob hacken.
Das Brot in etwas kaltem Wasser einweichen.

2. Die Tomatenstücke, Paprika, Sellerie, Frühlingszwiebeln, Gurke, Knoblauch und Essig mit dem Stabmixer glatt pürieren.

4. Das Brot ausdrücken und zum Gemüsepüree geben. Das extra-native Olivenöl hinzufügen, glatt pürieren und mehrere Stunden in den Kühlschrank
stellen.

5. In Schnapsgläsern oder kleinen Schalen
servieren.

TIPP

Mit grüner Paprika, Gurke und
Oliven (alles fein gewürfelt) garnieren und zum Abschluss einen
Schuss extra-natives Olivenöl hinzufügen.

Nudeln mit
TOMATEN-SUGO

für 2 bis 4 Personen

Bei mir köchelt meist ein Topf Tomaten auf dem Herd. Die Soßenvariante voller gesunder Zutaten ist kinderleicht zu kochen und eignet sich gleichermaßen als leichtes Mittag- oder würziges Abendessen. Besonders gut schmeckt sie, wenn sie einen Tag durchgezogen ist. Die Bohnen- und Pastasorten sind austauschbar, meine Lieblingskombination ist aber eindeutig Borlotti-Bohnen und Muschelnudeln. Buon Appetito!

ZUTATEN

1 EL Olivenöl

1 Zwiebel, grob gehackt

1 Stange Staudensellerie, grob geschnitten

1 Karotte, grob geschnitten

1 TL getrockneter Oregano

2 Knoblauchzehen, fein gehackt

1 EL Rotweinessig

400 g gehackte Tomaten (aus der Dose)

150 g Grünkohl, grob gehackt

1 Gemüsebrühwürfel

400 g Bohnen (aus der Dose, z. B. Borlotti), abgegossen, gespült

75 g kurze Nudeln (z. B. Muscheln)

Salz und frisch gemahlener schwarzer Pfeffer

Basilikumblätter und extra-natives Olivenöl zum Garnieren

ZUBEREITUNG

1. Das Olivenöl in einem großen, schweren Kochtopf erhitzen und darin Zwiebeln, Sellerie und Karotte zusammen mit dem Oregano kurz anbraten, bis das Gemüse weich zu werden beginnt.

2. Knoblauch dazugeben und bei schwacher Hitze weitere 2 Minuten garen, dabei nicht braun werden lassen. Den Essig dazugießen und reduzieren lassen, dann die Tomaten und den Grünkohl hinzufügen. Gemüsebrühwürfel hineinkrümeln und mit kaltem Wasser aufgießen. 40 Minuten leicht köcheln lassen.

3. Sobald der Sugo etwas eingedickt ist, die Bohnen und die Pasta dazugeben. Weiterköcheln lassen, bis die Nudeln gar sind. Mit Salz und Pfeffer abschmecken und mit Basilikumblättern und etwas extra-nativem Olivenöl garnieren.

TIPP

Statt mit Basilikum und Öl kann man das Gericht auch mit einem Klacks veganem Pesto garnieren. Das gibt diesem Gericht noch das gewisse italienische Extra.

RUCOLASUPPE
mit geröstetem Knoblauchbrot

für 2 Personen

Suppen sind ein Eckpfeiler meines wöchentlichen Speiseplans. Diese Rucolasuppe ist wunderbar unkompliziert – das geröstete Knoblauchbrot ist das eigentlich Zeitaufwendige an diesem Gericht! Es sei denn natürlich, Sie verzichten darauf. Aber wenn Sie ein bisschen sind wie ich, wünschen Sie sich bestimmt auch ein ordentliches Stück Kohlenhydrate mit Knoblaucharoma zum Eintunken in die grüne Suppe. Außerdem können Sie damit gleich die Suppenreste auslöffeln.

ZUTATEN

Für das geröstete Knoblauchbrot
1 Knoblauchknolle
1 EL Olivenöl
1 kleiner Bund glatte Petersilie, fein gehackt
150 g vegane Butter
Salz und frisch gemahlener grüner Pfeffer
1 kleines Vollkornbaguette

Für die Rucolasuppe
1 EL Olivenöl
6 Schalotten, in dünne Ringe geschnitten
2 mittelgroße festkochende Kartoffeln, geschält und in Würfel geschnitten
1 Gemüsebrühwürfel
250 g Rucola, verlesen und gewaschen

ZUBEREITUNG

1. Den Backofen auf 180 °C (160 °C Umluft) vorheizen. Die Knoblauchknolle mit dem Olivenöl beträufelt in Alufolie einwickeln und etwa 1 Stunde im Ofen weichgaren. Der fertige Knoblauch sollte beim Berühren nachgeben.

2. Knoblauch aus dem Ofen nehmen. Etwa 6 der Knoblauchzehen schälen und mit der Gabel zerdrücken. Knoblauchmus, Petersilie und Butter in eine Schüssel geben, salzen und pfeffern und gut miteinander verrühren. Abgedeckt 30 Minuten in den Kühlschrank stellen.

3. Das Baguette in etwa 4 cm breite Streifen ein-, aber nicht ganz durchschneiden. Die Knoblauchbuttermischung in die Schnitte streichen und das Brot 10 bis 15 Minuten kross backen.

4. Für die Rucolasuppe Olivenöl in einem großen Kochtopf erhitzen. Schalotten hinzufügen und 5 bis 10 Minuten lang bei schwacher Hitze weich werden lassen. Dabei gelegentlich umrühren, damit sie nicht braun werden.

5. Die Kartoffelwürfel dazugeben. Den Gemüsebrühwürfel hineinkrümeln und mit 750 ml kochendem Wasser aufgießen. 15 Minuten köcheln lassen.

6. Den Rucola hinzufügen (ein paar Stiele beiseitelegen). Die Suppe mit dem Stabmixer pürieren, bis sie vollkommen glatt ist. Anschließend sanft erhitzen, aber nicht mehr zum Kochen bringen. Mit Salz und Pfeffer würzen, mit dem übrigen Rucola garnieren und zusammen mit dem warmen Knoblauchbrot servieren.

~ Superschnelle ~
BROKKOLISUPPE

für 2 Personen

Mittagessenzeit ist bei mir praktisch gleichbedeutend mit Suppenzeit. Selbst mitten im Sommer. Daher brauchte ich praktikable Wege, um mein mittägliches Bedürfnis nach etwas Warmem für Leib und Seele zu befriedigen. Die meisten herzhaften Suppen gewinnen an Aroma, wenn man sie lange auf dem Herd vor sich hin köcheln lässt. Diese einfache Suppe ist eines der wenigen Suppengerichte, die von einer kürzeren Kochzeit profitieren. Verkochter Brokkoli ist ein ziemlich unschönes Erlebnis, und wir wollen ja keinesfalls, dass die Suppe nach Sonntags-Resteessen schmeckt. Lassen Sie die Sahne weg, wenn Sie möchten. Aber geben Sie die pürierte Suppe auf jeden Fall für ein paar Minuten zurück in den Topf, damit sie einkocht und schön sämig wird.

ZUTATEN

1 EL Sonnenblumenöl

1 kleine Zwiebel, fein gehackt

1 Stange Staudensellerie, fein geschnitten

1 Brokkolikopf (ca. 500 g), in kleine Röschen geteilt, Stiel fein gehackt

Salz und frisch gemahlener schwarzer Pfeffer

1 gestrichener TL Apfelessig

1 TL gekörnte Gemüsebrühe oder ½ Gemüsebrühwürfel

50 ml Sojamilch oder Sojasahne

ZUBEREITUNG

1. Öl in einem mittelgroßen, schweren Topf erhitzen. Zwiebeln, Sellerie und den klein gehackten Brokkolistiel dazugeben. Mit Salz und Pfeffer würzen, den Essig hinzufügen und einige Minuten anschwitzen, bis das Gemüse weich zu werden beginnt.

2. Die Brokkoliröschen dazugeben und mit so viel kochendem Wasser aufgießen, dass der Brokkoli gerade bedeckt ist. Gekörnte Gemüsebrühe oder Gemüsebrühwürfel unterrühren und auflösen lassen. Weitere 5 Minuten köcheln lassen, bis der Brokkoli gar ist.

3. Die Brokkolisuppe mit dem Stabmixer glatt pürieren. Sojamilch oder Sojasahne dazugeben und nochmals sanft erhitzen, aber nicht zum Kochen bringen. Mit Salz und Pfeffer abschmecken und servieren.

Süßkartoffel-
KIWI-SUPPE

für 2 bis 4 Personen

Obst in der Suppe? Bin ich jetzt völlig durchgedreht? Vielleicht, aber ich verschlucke einen Besen, wenn diese Kombination Ihre Augen nicht zum Leuchten bringt – was mir selbst völlig unbegreiflich ist! Spontan habe ich einmal eine Kiwi mit zu Suppe verarbeitet, und jetzt schmeckt sie mir nicht mehr ohne. Die Kiwi lag da so verloren im Obstkorb, und ich habe ihr kurzentschlossen ein neues suppiges Zuhause gegeben. Glücklicherweise hat sie das Gericht nur besser gemacht und ihm ein dezentes gewisses Etwas verliehen. Übertreiben Sie es aber nicht damit, sonst zerstören Sie das harmonische Gleichgewicht zwischen Obst und Gemüse. Und das wäre eine echte Katastrophe!

ZUTATEN

1 EL Olivenöl
4–5 Knoblauchzehen, grob gehackt
3 kleine bis mittlere Süßkartoffeln (ca. 600 g), geschält und grob geschnitten (Schalen für Süßkartoffelchips aufheben, siehe Tipp)
Salz und frisch gemahlener schwarzer Pfeffer
1 EL gekörnte Gemüsebrühe oder 1 Gemüsebrühwürfel
1 Kiwi, geschält und in grobe Stücke geschnitten

ZUBEREITUNG

1. Das Olivenöl in einem großen, schweren Kochtopf erhitzen. Den Knoblauch dazugeben und bei schwacher Hitze 1 bis 2 Minuten anbraten, aber nicht braun werden lassen.

2. Die Süßkartoffeln hinzufügen und kräftig mit Salz und Pfeffer würzen. Kurz anbraten, dann mit so viel Wasser aufgießen, dass die Süßkartoffeln gerade bedeckt sind. Gekörnte Gemüsebrühe unterrühren oder Gemüsebrühwürfel hineinkrümeln, zum Köcheln bringen und die Süßkartoffeln mit geschlossenem Deckel 10 bis 15 Minuten weich garen.

3. Die Kiwi dazugeben und die Suppe mit dem Stabmixer glatt pürieren. Bei Bedarf mit etwas Wasser verdünnen. Bei schwacher Hitze erwärmen, aber nicht mehr kochen und nach Belieben mit einigen Kiwistückchen und Süßkartoffelchips garniert servieren (siehe Tipp).

TIPP

Süßkartoffelschalen in einen Bräter geben. Mit 1 EL Olivenöl beträufeln und mit 1 TL geräuchertem Paprikapulver bestreuen. Salzen und pfeffern und 15 bis 20 Minuten bei 200 °C im Backofen rösten. Fertig sind die Süßkartoffelchips!

Mild gewürzte
LINSENSUPPE

für 4 Personen

Ich habe eine Schwäche für rote Linsen. Bodenständig, reichhaltig und unglaublich sättigend, wie sie sind, kann man sie zu Suppen, Eintöpfen und sogar Nudelaufläufen verarbeiten (siehe auch Lasagne mit Spinat und roten Linsen auf Seite 96). Sie nehmen Gewürze besonders gut auf und mit cremiger Kokosmilch verwandeln sie sich vom simplen Gemüse in eine üppige Mahlzeit. Langsames Köcheln übernimmt für mich die ganze Arbeit, aber falls Sie eine superfeine Konsistenz bevorzugen, sollten Sie am Ende einen Stabmixer benutzen.

ZUTATEN

1 EL Sonnenblumenöl (oder 1 TL Kokosöl)

1 rote Zwiebel, fein gehackt

1 rote Chilischote, entkernt und fein gehackt

1 Knoblauchzehe, zerdrückt

1 cm langes Stück Ingwer, fein gehackt

200 g getrocknete rote Linsen

1 TL Korianderpulver

1 TL Paprikapulver

1 TL Kreuzkümmel

400 ml Kokosmilch (aus der Dose)

1 Gemüsebrühwürfel

Salz und frisch gemahlener schwarzer Pfeffer

Saft von 1 Limette

frische Korianderblätter zum Garnieren

ZUBEREITUNG

1. Das Öl in einem mittelgroßen, schweren Topf erhitzen. Zwiebeln hineingeben und mit geschlossenem Deckel bei schwacher Hitze einige Minuten weich kochen.

2. Chilischote, Knoblauch und Ingwer hinzufügen und bei geschlossenem Deckel ein paar Minuten schmoren, damit sich das Aroma der Zutaten entfaltet.

3. Die roten Linsen spülen und mit dem Korianderpulver, dem Paprikapulver und dem Kreuzkümmel in die Pfanne geben. Die Kokosmilch und 750 ml Wasser dazugießen und verrühren. Den Gemüsebrühwürfel hineinkrümeln und leicht mit Salz und Pfeffer würzen.

4. Mit geschlossenem Topfdeckel aufkochen und anschließend 40 Minuten leicht köcheln lassen. Dabei immer wieder umrühren.

5. Sobald die Linsen weich und zu einer dicken, cremigen Suppe verkocht sind, den Topf vom Herd nehmen. Die Linsensuppe nach Belieben mit einem Stabmixer fein pürieren. Den Limettensaft hinzufügen und mit frischen Korianderblättern garniert servieren.

Schwarze BOHNEN-SUPPE

für 2 bis 3 Personen

Dieses schwarze Bohnenwunder reicht aus, um jeden zur Suppe zu bekehren. Im Grunde sind es nur pürierte Bohnen mit etwas Pep (Sie werden den Limettensaft lieben!), aber irgendwie kommt Magie ins Spiel, wenn diese vielen unterschiedlichen Aromen zusammenfinden. Die Suppe ist eine einfache, aber hervorragende Vorspeise für das ultimative mexikanische Essen – nichts passt so gut zu Enchiladas oder Tacos (siehe Seite 98) wie ein dampfender Teller Schwarze-Bohnen-Suppe, vertrauen Sie mir da ruhig. *Arriba!*

ZUTATEN

1 TL Olivenöl
1 Zwiebel, fein gehackt
1 rote Paprika, fein geschnitten
Salz und frisch gemahlener
schwarzer Pfeffer
1 rote Chilischote, entkernt und
fein gehackt
2 Knoblauchzehen, fein gehackt
1 TL geräuchertes Paprikapulver
1 TL Kreuzkümmelpulver
½ TL getrockneter Oregano
800 g schwarze Bohnen (aus der Dose)
2 Zweige Thymian
1 gehäufter TL gekörnte Gemüsebrühe
1 TL Aceto balsamico
oder vegane Worcestershiresauce
Saft von 1 Limette

Zum Anrichten
1 Avocado, grob gehackt
1 Handvoll frischer Koriander, gehackt
Saft von ½ Limette

ZUBEREITUNG

1. Das Olivenöl in einem großen, schweren Topf erhitzen. Zwiebeln und Paprika dazugeben, mit Salz und Pfeffer würzen und einige Minuten weich kochen. Dabei häufig umrühren.

2. Die Chilischote und den Knoblauch hinzufügen und etwas mitbraten. Dann das Paprikapulver, den Kreuzkümmel und den Oregano dazugeben. Einige Minuten weiterbraten, damit sich das Aroma der Gewürze entfalten kann.

3. Die schwarzen Bohnen in ein Küchensieb abgießen, spülen und mit den Gewürzen vermischen. Erst dann den Thymian und die gekörnte Gemüsebrühe hineingeben und mit so viel Wasser aufgießen, dass die Bohnen bedeckt sind.

4. Den Essig und Worcestershiresauce hinzufügen und 20 Minuten leicht köcheln lassen.

5. Die Suppe mit dem Stabmixer glatt pürieren. Falls nötig, etwas Wasser hinzufügen. Mit Salz und Pfeffer abschmecken.

6. Auf Suppenteller verteilen und mit Avocadowürfeln, Koriander und einem Spritzer Limettensaft garniert servieren.

WINTERSALAT
mit Kürbis und Couscous

für 2 bis 4 Personen

Auch wenn Sie es nicht glauben werden, aber für mich ist dieser Wintersalat nur eine halbe Sünde. Gerade im Winter, wenn man von kaloriengeladener Nervennahrung sozusagen umzingelt wird und ein frischer Kopfsalat mit Dressing gar nicht infrage kommt, ist das das perfekte Gericht, um ohne schlechtes Gewissen winterliche Kalorien zu genießen. Der Salbei und der Rosmarin tragen entscheidend dazu bei, das Rezept an die Jahreszeit anzupassen (ich versuche es ja!), und die leicht gerösteten Mandeln geben ihm den nötigen Biss. Meiner Meinung nach ist die richtige Konsistenz gerade bei veganem Essen der Schlüssel zu einem rundum gelungenen Gericht, und hier siegt sie an allen Fronten. Ob als Beilage oder Hauptgericht, dieser Salat ist eine super einfache Option, wenn die Abende wieder länger werden. Man kann sich damit wunderbar zu Hause einkuscheln – in der sicheren Gewissheit, dass das Couch-Potato-Dasein durch ein gesundes Abendessen wieder ausgeglichen wird. Zumindest einigermaßen.

ZUTATEN

500 g Kürbisfleisch (z. B. Hokkaido, Butternut), geschält, halbiert, entkernt und in kleine Stücke geschnitten

2 EL Sonnenblumenöl

1 Zweig Rosmarin, Blätter fein gehackt

1 EL frischer Salbei, fein gehackt

Meersalz und frisch gemahlener schwarzer Pfeffer

250 g Couscous

200 g Erbsen (TK)

60 g Mandelblättchen, geröstet

3 EL extra-natives Olivenöl

ZUBEREITUNG

1. Den Backofen auf 200 °C (180 °C Umluft) vorheizen.

2. Den Kürbis in einen Bräter geben. Mit Öl beträufeln, den Kräutern bestreuen und mit Salz und Pfeffer würzen. Etwa 1 Stunde im Ofen auf der mittleren Schiene backen, bis der Kürbis weich ist. Anschließend die Temperatur ausstellen, den Bräter aber im Ofen stehen lassen.

3. Den Couscous in einer Schüssel mit 250 ml kochendem Wasser übergießen und abgedeckt 10 Minuten quellen lassen, bis die Flüssigkeit vollständig aufgesogen ist. Anschließend mit einer Gabel auflockern.

4. Die Erbsen in einer Schüssel mit kochendem Wasser übergießen, 5 Minuten auftauen lassen und anschließend abgießen.

5. Den gebackenen Kürbis aus dem Ofen nehmen und mit dem Couscous, den Erbsen und dem extra-nativen Olivenöl verrühren. Mit Salz und Pfeffer abschmecken und noch warm servieren.

DICKE-BOHNEN-PUFFER
mit schnellen Essiggurken
für 2 bis 3 Personen

Seit ich als Teenager Palästina besucht habe, bin ich wie besessen von Falafel, Hummus und Pitabrot. Ich komme aus einer kleinen Stadt in Irland, und die nahöstlichen Aromen haben meinen relativ unerfahrenen Gaumen zum Leben erweckt. Sie waren der Beginn meiner lebenslangen Leidenschaft für gutes Essen. Diese Puffer entstanden als glücklicher Unfall bei meinem Versuch, Falafel aus dicken Bohnen zu perfektionieren. Sie ähneln eher Erbsenpuffern aus einer englischen Frittenbude als einem Gericht aus dem Nahen Osten. Was soll ich sagen? Ich liebe eben beide Kulturen!

Zutaten

Für die schnellen Essiggurken
1 Gurke, geschält und in sehr
dünne Scheiben geschnitten
2 TL Zucker
3–4 EL Weißweinessig
1 EL gehackter Dill

Für die Puffer
200 g dicke Bohnen (TK)
½ Zwiebel, grob gehackt
1 Knoblauchzehe
1 TL Kreuzkümmelpulver
¼ TL Cayennepfeffer
1 TL Backpulver
3 EL Weizenmehl
Saft von ½ Zitrone
Salz und frisch gemahlener
schwarzer Pfeffer
Sonnenblumenöl zum Ausbacken
Pitabrot, Hummus zum Servieren

Zubereitung

1. Für die Essiggurken die Gurkenscheiben in einer flache Schale mit Zucker bestreuen, mit Essig begießen und abgedeckt kalt stellen.

2. Dicke Bohnen in einer großen Schüssel mit kochendem Wasser übergießen. 5 Minuten auftauen lassen, abgießen und enthülsen. Die Bohnen mit den Zwiebeln, Knoblauch, Kreuzkümmel, Cayennepfeffer, Backpulver, 1 EL Mehl und dem Zitronensaft vermischen und mit dem Stabmixer fein pürieren.

3. Von der Mischung mit einem Teelöffel kleine Häufchen abstechen, mit nassen Händen zu Kugeln formen und platt drücken. Den Puffer im restlichen Mehl wenden und auf ein mit Backpapier ausgelegtes Backblech legen. 10 Minuten kalt stellen.

4. Den Backofen auf 150 °C vorheizen. Die Puffer vor dem Braten nochmals mit etwas Mehl bestäuben. Öl etwa 2 cm hoch in eine kleine Pfanne mit schwerem Boden gießen. Den Puffer nacheinander im heißen Öl so lange braten, bis sie auf der Unterseite goldbraun und knusprig sind. Anschließend von der anderen Seite fertigbraten. Fertige Puffer auf Backpapier legen und im Ofen warm halten.

5. Dill über die schnellen Essiggurken streuen. Die warmen Dicke-Bohnen-Puffer zusammen mit den Essiggurken servieren. Dazu passt hervorragend frisches Pitabrot und ein Schälchen Hummus.

∿ Buddhaspeise- ∾
PÄCKCKEN

für 2 Personen

Dies ist meine Version der beliebten Standardspeise jedes Veganers – der göttlichen Buddhaspeise! Spirituell vom Buddhismus inspiriert wird sie in Oryoki-Schalen achtsam verspeist. Im Klartext bedeutet das: Nehmen Sie ein paar gesunde Gemüsesorten und garen Sie sie schonend. Dann ab damit in eine Schale und so lange davon essen, bis Sie satt, aber nicht vollgestopft sind. Für mich klingt das nach echtem Zen! Ich koche dieses Gericht gern, wenn ich viele Dinge auf einmal zu tun habe. Man kann es einfach in den Ofen schieben und braucht sich dann eine Stunde lang nicht mehr darum zu kümmern. Ach ja, und super schmecken tut es auch. Es kommt ganz ohne Salz und Pfeffer aus. Das ist meine Vorstellung von buddhistischer Glückseligkeit in der Esskultur. Ich fühle mich beim Essen immer ein bisschen wie ein Hippie. Alle zusammen: „*Om*!"

ZUTATEN

2 große Süßkartoffeln, grob geschnitten

1 Zwiebel, grob gehackt

1 rote Paprika, grob geschnitten

2 Knoblauchzehen, in feine Scheiben geschnitten

2 EL Sojasoße

2 EL Sushi-Essig oder Reisweinessig

2 EL Sesamöl

2 TL Tabascosoße

100 g Grünkohl, in kleine Stücke gezupft

100 g Naturreis

1 Bio-Zitrone

2 Kardamomkapseln

3–4 Gewürznelken

1 Sternanis

ZUBEREITUNG

1. Den Backofen auf 200 °C (180 °C Umluft) vorheizen. Zwei 30 x 40 cm große Stücke Alufolie vorbereiten.

2. Die Süßkartoffeln auf die Alufolien verteilen und mit den Zwiebeln, Paprika und Knoblauch belegen. Folien zu kleinen Päckchen zusammenfalten, dabei eine kleine Öffnung an der Oberseite freilassen.

3. Jeweils etwas Sojasoße Sushi-Essig, Öl und Tabascosoße in die Päckchen gießen. Zuletzt den Grünkohl gleichmäßig verteilt daraufgeben. Die Päckchen verschließen und im Ofen auf der mittleren Schiene 1 Stunde backen.

4. Den Reis mit 250 ml Wasser in einen mittelgroßen Topf füllen. Die Zitrone heiß waschen, abtrocknen und die Schale mit dem Sparschäler schälen. Zusammen mit den Kardamomkapseln, den Gewürznelken und dem Sternanis zum Reis geben, aufkochen lassen, Hitze reduzieren und bei schwacher Hitze köcheln lassen. Der Reis ist fertig, wenn er das gesamte Wasser aufgenommen hat (etwa 50 Minuten). Zitronenschalen und Gewürze entfernen, Reis mit einer Gabel auflockern und in eine Schüssel oder zwei Schalen geben. Die Buddhaspeise-Päckchen aus dem Ofen nehmen, vorsichtig öffnen und über den Reis geben.

Süßsauer
MARINIERTER TOFU

für 4 Personen

Vergessen Sie alles, was Sie über Tofu zu wissen glaubten. Meine verschwenderisch eingelegte Version ist der leckere Beweis dafür, dass diese oft geschmähte Zutat alles andere als fade und geschmacklos sein kann. Das Wichtigste ist, vor dem Marinieren so viel Flüssigkeit wie möglich aus dem Tofu herauszupressen. Alles Übrige tut die Marinade danach ganz von allein. Die knusprige, karamellisierte Hülle und die feste Konsistenz geben außerdem viel Substanz. Da wird sich bestimmt niemand mehr darüber beschweren, dass Tofu die Hauptrolle im Abendessens spielt. Es ist offiziell Zeit, das Kriegsbeil zu begraben!

ZUTATEN

400 g Tofu natur
4 EL Misopaste
Saft von 1 Limette
2 EL Tamarisoße
2 EL Sesamöl
2 EL Agavendicksaft oder
Ahornsirup
50 ml Erdnuss-, Sonnenblumen-
oder Rapsöl

TIPP

Am besten passt dazu ein Salat aus grünen Bohnen mit Zitrone, Knoblauch und Chili (s. S. 131)!

ZUBEREITUNG

1. Den Tofu auf einem flachen Teller mit einem Küchenbrett bedecken und dieses beschweren (z. B. mit großen Dosen oder Getränkekartons). Auf diese Weise den Tofu etwa 15 Minuten auspressen. Die restliche Flüssigkeit anschließend mit der Hand ausdrücken.

2. Den Tofu trocken tupfen und diagonal in insgesamt 4 Dreiecke schneiden.

3. Für die Marinade die Misopaste, Limettensaft, Tamarisoße, Sesamöl und Agavendicksaft oder Ahornsirup miteinander verquirlen. Den Tofu in eine Schüssel geben und mit der Marinade übergießen, bis alle Stücke vollständig damit bedeckt sind und 1 Stunde marinieren lassen (15 Minuten Minimum!). Je länger die Marinade einzieht, desto besser.

4. Öl in einer mittelgroßen Pfanne mit schwerem Boden erhitzen und den Tofu hineingeben. Bei mittlerer Hitze braten, bis die Unterseite goldbraun und karamellisiert ist (etwa 10 Minuten). Dann wenden und von der anderen Seite fertig braten. Den marinierten Tofu können Sie warm oder kalt servieren.

Zucchini-Cannellini-
BOHNENBRATLINGE

für 4 Personen

Bohnenbratlinge können empfindliche Gebilde sein, die leicht auseinanderfallen und zerbröseln. Ich habe versucht, die größten Stolpersteine zu umgehen, indem ich geriebene Zucchini hinzugefügt habe. Das macht die Bratlinge nicht nur formstabiler, sondern gibt ihnen auch den dringend benötigten Biss. Normalerweise bestehe ich nicht auf eine bestimmten Zutat (ich bin selbst die Königin der Improvisation). Die Polenta halte ich hier jedoch für absolut notwendig, damit die Bratlinge schön knusprig werden. Wie auch immer Sie sie essen – ob als Burger im Brötchen oder pur –, Sie werden dankbar für den zusätzlichen Knusperfaktor sein.

ZUTATEN

800 g weiße Bohnen (aus der Dose), abgegossen und gespült (z. B. Cannellini)

Salz und frisch gemahlener weißer Pfeffer

1 Zucchini

1 EL Sonnenblumenöl (plus Extramenge zum Ausbacken)

3 Frühlingszwiebeln, geschnitten

1 Knoblauchzehe, fein gehackt

1 TL Apfelessig

30 g frische glatte Petersilie, grob gehackt

1 EL Weizenmehl

4 EL Polenta

ZUBEREITUNG

1. Bohnen in eine große Schüssel füllen, einige ganze Bohnen beiseitelegen, kräftig mit Salz und Pfeffer würzen und mit der Gabel zu einem groben Mus zerdrücken.

2. Die Zucchini reiben, in ein sauberes Geschirrtuch einschlagen und die überschüssige Flüssigkeit herauspressen. Das Öl in einer Pfanne erhitzen und darin die Frühlingszwiebeln und den Knoblauch mit dem Essig ein paar Minuten anbraten, bis die Zwiebeln weich sind.

3. Die Zucchiniraspeln und die Frühlingszwiebel-Mischung zur Bohnenmasse geben, Petersilie, Mehl und 1 Esslöffel Polenta hinzufügen und abschmecken. Zu einem festen Teig verrühren. Falls er zu feucht ist, noch etwas Polenta hinzufügen.

4. Den Teig in vier gleich große Portionen teilen und mit nassen Händen zu vier flachen Frikadellen formen. Dabei darauf achten, dass es an den Rändern keine Risse gibt. Die Bratlinge in der restlichen Polenta wenden, auf ein mit Backpapier ausgelegtes Backblech legen und 1 Stunde kalt stellen.

5. Reichlich Öl in einer großen Pfanne langsam erhitzen. Die Bratlinge hineingeben und 10 Minuten von jeder Seite braten, bis sie goldbraun und knusprig sind. Nach Belieben in einem Burgerbrötchen servieren oder Salat als Beilage dazureichen.

GERÖSTETER KÜRBIS
mit knuspriger Quinoa-Füllung

für 2 Personen

Es gibt endlos viele Möglichkeiten, gerösteten Kürbis zu verarbeiten. Mir machen Experimente mit ganz unterschiedlichen Kombinationen riesigen Spaß und ich komme dabei immer wieder auf Quinoa zurück, weil es eine tolle Abwechslung bietet. Es steckt voller Proteine und anderer Nährstoffe und ist daher ein echtes Powerpaket. Außerdem passt es fast zu allem. Hier mag ich vor allem den Biss, für den die Mandeln und Kürbiskerne sorgen. Sie beseitigen alle eventuellen Bedenken vor einer zu breiigen Konsistenz. Und das scharfe Ahornsirup-Dressing bringt verborgene Aromen direkt an Ihrem Gaumen zur Entfaltung.

ZUTATEN

700 g Butternusskürbis, halbiert und entkernt
2 EL vegane Butter oder Pflanzenöl
Salz, schwarzer Pfeffer

Für die Quinoa-Füllung
240 g Quinoa
2 Frühlingszwiebel, in feine Ringe geschnitten
75 g Mandelblättchen
50 g Kürbiskerne
50 g Sultaninen
30 g frischer Koriander, gehackt

Für das Dressing
1 TL Dijonsenf
Saft von 1 Limette
2 EL Ahornsirup
1 EL Rotweinessig
40 ml Olivenöl

ZUBEREITUNG

1. Den Backofen auf 180 °C (160 °C Umluft) vorheizen.

2. Die Kürbishälften mit den Schnittflächen nach oben in einen Bräter legen. Die Schnittflächen mit der Butter bestreichen bzw. mit Öl beträufeln. Mit Salz und Pfeffer würzen und den Kürbis 40 bis 50 Minuten im Ofen auf der mittleren Schiene weich garen. Dabei ab und zu mit der geschmolzenen Butter und dem austretenden Saft begießen, damit das Fruchtfleisch nicht austrocknet.

3. Quinoa gemäß Packungsanweisung zubereiten. Mit einer Gabel etwas auflockern, abdecken und beiseitestellen.

4. Für das Dressing alle Zutaten mit etwas Salz und Pfeffer in einen verschließbaren Behälter geben und so lange schütteln, bis sie emulgieren.

5. Quinoa mit den Frühlingszwiebeln und der Hälfte des Dressings vermischen. Mandelblättchen, Kürbiskerne und Sultaninen unterrühren, zuletzt den größten Teil des gehackten Korianders dazugeben.

6. Die Füllung gleichmäßig auf beide Kürbishälften verteilen. Mit dem restlichen Dressing beträufeln und vor dem Servieren mit etwas Koriander bestreuen.

GEFÜLLTE PILZ-
BURGER
mit Dijonsenf-Kartoffelspalten

für 4 Personen

Natürlich muss niemand auf Burger und Pommes verzichten, nur weil er Fleisch von seiner Speisekarte gestrichen hat. Durch das Füllen der fleischähnlichen Riesenchampignons erhält man eine Bissfestigkeit, die beinahe darüber hinwegtäuscht, dass in dem Burgerbrötchen gar kein Fleisch drinsteckt. Als ich anfing, vegan zu leben, war das extrem wichtig für mich. Ich war zwar nie ein richtiger Fast-Food-Junkie, erlaubte mir aber ab und zu eine kleine Fressorgie. Jetzt kann ich meine Lust auf Fettiges sogar zu Hause stillen, und keine unschuldige Kuh muss dafür leiden! Ein klassisches veganes Diner-Gericht, und das ganz ohne Gewissensbisse wegen der Kalorien. Was gibt es Schöneres?

ZUTATEN

Für das Tomatenketchup
4 Tomaten, entstielt, halbiert
Salz, schwarzer Pfeffer
½ TL Pimentpulver
1 EL Aceto balsamico
1 TL brauner Zucker
1 EL Olivenöl

Für die Kartoffelspalten
4 große Kartoffeln, geschält
2 TL Dijonsenf
2 EL Öl
1 TL Apfelessig
1 Zweig Rosmarin, Blätter gehackt

Für die Pilzburger
½ Zwiebel, fein gehackt
2 EL Olivenöl
60 g vegane Butter
4 Riesenchampignons

ZUBEREITUNG

1. Den Backofen auf 200 °C (keine Umluft) vorheizen.

2. Für das Ketchup die Tomaten auf ein mit Backpapier ausgelegtes Backblech legen, Salz und Pfeffer, Piment, Essig, Zucker und Olivenöl darübergeben und 1 Stunde im Ofen auf der mittleren Schiene backen. Herausnehmen und abkühlen lassen. Anschließend durch ein Sieb passieren. Tomatenketchup abschmecken und kühl stellen. Er hält sich etwa zwei Tage.

3. Die Kartoffeln in dicke Spalten schneiden und in einen Bräter füllen. Dijonsenf, Öl, Apfelessig, Rosmarin sowie 1 Teelöffel Salz und etwas Pfeffer verrühren und über die Kartoffelspalten gießen. 1 Stunde im Ofen auf der mittleren Schiene backen. Dabei den Bräter gelegentlich rütteln, damit die Kartoffeln nicht anbrennen. Herausnehmen und abschmecken.

4. Für die Pilzburger die Zwiebel in 1 Esslöffel Olivenöl und der halben veganen Butter in einer mittelgroßen Pfanne bei schwacher Hitze anschwitzen. Die Stiele von den Riesenchampignons entfernen, fein hacken und zu den Zwiebeln geben. Kurz mitbraten und den Knoblauch und den Thymian hinzufügen. Kräftig salzen und pfeffern.

5. Die Semmelbrösel, die restliche vegane Butter und den Rotweinessig hinzufügen und ein paar Minuten anrösten, bis sie goldbraun sind. Zuletzt die gerösteten Pinienkerne und die frisch gehackte Petersilie dazugeben.

WEITER »

1 Knoblauchzehe, fein gehackt

1 Zweig Thymian, Blätter gehackt

100 g Semmelbrösel

1 EL Rotweinessig

25 g Pinienkerne, geröstet

15 g glatte Petersilie, gehackt

4 Ciabattabrötchen, halbiert

Rucolablätter zum Garnieren

Zubereitung

6. Ein Backblech einfetten, die Hüte der Riesenchampignons innen und außen mit Öl einpinseln und mit Salz und Pfeffer würzen. Die Semmelbröselmischung auf die Pilze verteilen und mit einem Löffel oder den Fingern festdrücken. Auf das Backblech legen und zusammen mit den Kartoffelspalten in den letzten 30 Minuten ihrer Backzeit mitbacken.

7. Die Brötchenhälften mit etwas Tomatenketchup bestreichen und mit einigen Rucolablättern belegen. Die Pilze daraufsetzen, den Brötchendeckel darauflegen und den Burger zusammen mit den Kartoffelspalten servieren.

SCHÄLERBSEN-DAL
mit Fladenbrot

für 4 Personen

Dal hat offiziell Kartoffelbrei als mein Wohlfühlessen abgelöst. Auch wenn es in meinem Herzen immer einen Platz für die bescheidene Kartoffel geben wird, hat das unangenehm aufgeblähte Gefühl, das mich nach ihrem Genuss oft ereilte, dafür gesorgt, dass ich sie immer seltener zu mir nehme. Hier kommen die Hülsenfrüchte ins Spiel. Sie liefern jede Menge Protein, sind nahrhaft … und schmecken!

ZUTATEN

Für das Dal
1 EL Sonnenblumenöl
1 kleine Zwiebel, fein gehackt
Salz, schwarzer Pfeffer
2 Knoblauchzehen, fein gehackt
3 cm langes Stück frischer Ingwer, geschält und fein gehackt
1 rote/grüne Chilischote, entkernt und fein gehackt
½ TL Kurkumapulver
1 TL Kreuzkümmelpulver
250 g gelbe Schälerbsen, über Nacht eingeweicht, abgegossen und gespült
1 Gemüsebrühwürfel

Für die Fladenbrote
250 g Weizenmehl (plus Extramenge zum Bestäuben)
½ TL Trockenbackhefe
1 EL Olivenöl (plus Extramenge zum Einfetten)

ZUBEREITUNG

1. Für das Dal das Öl in einem schweren Topf erhitzen, die Zwiebeln mit etwas Salz und Pfeffer hineingeben, abdecken und bei schwacher Hitze ein paar Minuten anschwitzen. Knoblauch, Ingwer und Chili hinzufügen und weitere 5 Minuten braten. Zuletzt Kurkuma und Kreuzkümmel dazugeben und 3 bis 4 Minuten weiterbraten.

2. Die Schälerbsen unterrühren und mit Wasser aufgießen, bis die Erbsen gerade bedeckt sind. Den Gemüsebrühwürfel hineinkrümeln und aufkochen lassen. Hitze reduzieren und 1 bis 1½ Stunden köcheln lassen, bis die Erbsen vollkommen weich sind. Dabei gelegentlich umrühren und ab und zu Wasser dazugießen, damit die Mischung nicht zu fest wird.

3. In der Zwischenzeit die Fladenbrote backen. In einer großen Schüssel Mehl und Hefe vermischen und mit Salz und Pfeffer würzen. In die Mitte der Mehlmischung eine Mulde drücken und 200 ml kaltes Wasser und das Olivenöl hineingießen. Mit feuchten Händen kneten, bis ein geschmeidiger Teig entsteht. Bei Bedarf etwas Mehl bzw. Wasser dazugeben. Zu einer Kugel formen, mit dem Olivenöl bepinseln und abgedeckt an einem warmen Ort 10 Minuten gehen lassen.

4. Eine große Pfanne ohne Fett erhitzen. Ein Viertel vom Brotteig abnehmen und mit bemehlten Händen zu einem flachen, runden Fladen formen. In die Pfanne geben und wenige Minuten braten, anschließend wenden. Das Fladenbrot ist fertig, wenn es leichte Blasen wirft und am Rand braun wird. Warm stellen und so vier Brote zubereiten. Den Schälerbsen-Dal abschmecken und mit dem Fladenbrot servieren.

Chana MASALA

Manche Gerichte koche ich mit geschlossenen Augen und dieses ist eines davon. Wann immer ich mich nicht entscheiden kann, was ich kochen soll, oder keine Lust auf neue Kreationen habe, greife ich auf mein treues Chana Masala zurück. Ich habe es sogar meinen Freunden als Abschiedsessen serviert, bevor wir zurück ins Vereinigte Königreich gezogen sind, weil ich nur noch einen einzigen Topf zum Kochen übrig hatte. Und gegessen haben wir es aus zu Schalen umfunktionierten Behelfsmitteln. Ich glaube, an diesem Tag war ich im wahrsten Sinne des Wortes die bescheidenste Gastgeberin. Finden Sie nicht auch, dass kein Chana Masala dem anderen gleicht? Dieses hier ist meine persönliche Version des vegetarischen indischen Klassikers. Alle werden am Ende den Teller ablecken und einen Nachschlag verlangen.

ZUTATEN

2 EL Sonnenblumenöl
1 Zwiebel, fein gehackt
2 Knoblauchzehen, fein gehackt
2,5 cm langes Stück frischer
Ingwer, geschält und fein gehackt
1 rote Chilischote, entkernt and
fein gehackt
1 gehäufter TL Garam Masala
¼ TL Kurkumapulver
¼ TL brauner Zucker
400 g gehackte Tomaten
(aus der Dose)
Salz, schwarzer Pfeffer
400 g Kichererbsen (aus der Dose),
abgegossen und gespült
300 ml Kokosmilch
30 g frischer Koriander, gehackt
Basmatireis zum Servieren

ZUBEREITUNG

1. Das Öl in einem mittelgroßen, schweren Topf erhitzen und die Zwiebeln, Knoblauch, Ingwer und Chili darin anbraten, bis sich die Aromen entfalten.

2. Garam Masala, Kurkuma und eine Prise Zucker dazugeben und kurz mit anbraten. Die Dosentomaten, etwas Salz und Pfeffer und den restlichen Zucker in den Topf geben. Gut umrühren und 20 Minuten sanft köcheln lassen.

3. Die Kichererbsen hinzufügen. Die Hälfte der Kokosmilch dazugießen, mit Salz und Pfeffer nachwürzen und 5 bis 10 Minuten köcheln lassen. Dann die restliche Kokosmilch dazugeben. Nochmals abschmecken und weitere 10 Minuten köcheln lassen. Die Hälfte des Korianders einrühren. Die andere Hälfte über das Chana Masala streuen, zusammen mit Basmatireis servieren.

Holy Moly
BOHNEN-CHILI

für 4 bis 6 Personen

Für manche Menschen kann ein vegetarisches Chili einfach kein echtes Chili sein (schließlich heißt es Chili *con* carne). Da es aber eines meiner liebsten Partygerichte ist, musste ich es irgendwie schaffen, das fehlende Fleisch zu kompensieren (vielleicht sogar zu übertreffen). Zum Glück trugen meine Bemühungen Früchte: Hier kommt ein kräftiges Chili für jeden Geschmack. Ich habe sogar einige meiner Fleisch essenden Freunde dabei beobachtet, wie sie sich einen Nachschlag holen … oder auch zwei oder drei!

ZUTATEN

1 EL Sonnenblumenöl

1 große Zwiebel, sehr fein gewürfelt

Salz und Pfeffer

1 gehäufter TL Kreuzkümmelpulver

1 Prise Zimtpulver

½ TL Chilipulver

½ TL getrocknete Chiliflocken

1 TL geräuchertes Paprikapulver

1 Prise Cayennepfeffer

1 rote, grüne, gelbe Paprika, grob geschnitten

1 rote Chilischote, entkernt, gehackt

3 Knoblauchzehen, fein gehackt

1 EL Tomatenmark

400 g gehackte Tomaten (aus der Dose)

1 Prise Zucker

einige Tropfen Tabascosoße

1 EL Aceto balsamico

800 g schwarze Bohnen (aus der Dose)

20 g Schokolade (70 % Kakaoanteil)

ZUBEREITUNG

1. Für das Chili das Öl in einem schweren Topf erhitzen, die Zwiebeln dazugeben, mit Salz und Pfeffer würzen und anschwitzen. Erst dann die getrockneten Gewürze hinzufügen und kurz mitbraten. Die Paprika dazugeben und abgedeckt etwa 10 Minuten weich garen. Die gehackte Chilischote und den Knoblauch dazugeben.

2. Das Tomatenmark, die Tomaten, Zucker, Tabascosoße, Essig und 100 ml Wasser hinzufügen. Mit Salz und Pfeffer abschmecken und etwa 30 Minuten köcheln lassen. Falls die Soße zu stark einkocht, etwas Wasser hinzufügen.

3. Die Bohnen in ein Küchensieb abgießen und mit Wasser spülen. Mit in den Topf geben und weitere 15 bis 20 Minuten köcheln lassen.

4. In der Zwischenzeit die Tortillas jeweils achteln und in 150 ml Öl bei mittlerer Hitze in einer großen Pfanne leicht rösten, bis die Unterseite goldbraun ist. Wenden und von der anderen Seite fertig rösten. Noch heiß auf einem Küchenpapier abtropfen lassen und mit Meersalz bestreuen.

5. Kurz vor dem Servieren die Schokolade in kleine Stückchen brechen und unter das Chili rühren. Die Soße wird dadurch dick und glänzend. Gedulden Sie sich unbedingt so lange, bis sie sämig eingekocht ist.

WEITER »

Zutaten

Salz, schwarzer Pfeffer
gehackter frischer Koriander, in Scheiben
geschnittene Avocado und Zitronen-
spalten zum Servieren

Für die Tortillachips
5 Weizentortillas
150–200 ml Sonnenblumenöl

Zubereitung

6. Das Bohnen-Chili mit dem Koriander bestreuen und mit einigen Blättern garniert in kleinen Schälchen servieren. Reichen Sie dazu Avocadoscheiben und Limettenspalten zum Beträufeln und die selbst gemachten Tortillachips.

Kartoffel-Blumenkohl-CURRY

für 4 Personen

Mit etwas mehr Soße als das typische nordindische und pakistanische Gericht Alu Gobhi wartet dieses herzhafte Curry aus Kartoffeln und Blumenkohl auf, ein nahrhaftes Essen mit einem bodenständigen Touch. Es ist bestimmt gesünder als ein Besuch beim örtlichen Take-away und tut so, als wäre es voller Kalorien. Dabei stimmt das gar nicht – trotz eines großzügigen Klacks milchfreies Raita.

ZUTATEN

1 EL Sonnenblumen- oder Kokosöl

1 Zwiebel, grob gehackt

½ Fenchelknolle, in dünnen Streifen

Salz, schwarzer Pfeffer

2 Knoblauchzehen, fein gehackt

1 grüne Chilischote, entkernt und fein gehackt

2,5 cm langes Stück frischer Ingwer, geschält, fein gehackt

2–3 mittelgroße Kartoffeln, gewürfelt

1 kleiner Blumenkohl

1 gehäufter TL Garam Masala

1 gestrichener TL Kurkumapulver

½ TL Korianderpulver

½ TL Pimentpulver

½ TL Chilipulver

1 EL Tomatenmark

200 g passierte Tomaten

½ TL Zucker

1 Gemüsebrühwürfel

100 g Schwarzkohl (oder Grünkohl)

30 g frischer Koriander, gehackt

milchfreies Raita (siehe Seite 135)

ZUBEREITUNG

1. Das Öl in einem großen, schweren Topf erhitzen, die Zwiebeln und den Fenchel dazugeben, mit Salz und Pfeffer würzen und einige Minuten anschwitzen, bis das Gemüse weich zu werden beginnt.

2. Knoblauch, Chili und Ingwer unterrühren, Topf gut zudecken und alles einige Minuten anrösten.

3. Die Kartoffelstücke mit in den Topf geben und bei geschlossenem Deckel ein paar Minuten garen. Die Blumenkohlröschen vom Strunk trennen, waschen und hinzufügen.

4. Die Gewürze dazugeben, gut unterrühren und abgedeckt kurz anrösten. Das Tomatenmark, die passierten Tomaten, den Zucker und etwas Wasser einrühren. Salzen, pfeffern und ohne Deckel weitere zwei Minuten garen.

5. Den Gemüsebrühwürfel hineinkrümeln und das Curry 30 bis 40 Minuten köcheln lassen. Der Blumenkohl sollte weich, aber bissfest sein. Gelegentlich umrühren und falls nötig, etwas Wasser hinzufügen.

6. Den Schwarzkohl waschen, grob hacken und am Ende der Kochzeit mit in die Pfanne geben. Wenn er weich ist, abschmecken und den gehackten Koriander unterrühren, eine kleine Menge zum Garnieren beiseitestellen.

7. Das Kartoffel-Blumenkohl-Curry mit einem Klacks Raita und dem restlichen Koriander bestreut servieren, dazu passt Naturreis.

Falsche MOUSSAKA

für 4 bis 6 Personen

Diese Moussaka nach griechischer Art ist auf das Wesentliche reduziert, damit das aufwendige Gericht etwas einfacher wird (sonst würde ich es nämlich nur einmal im Jahr kochen). Im Idealfall haben Sie die Tomatensoße in zwei Schritten (siehe Seite 138) sowieso immer im Gefrierfach. Das Lammhackfleisch aus dem Originalrezept wollte ich diesmal nicht durch Linsen oder Sojahack ersetzen, sondern lieber einen Schwerpunkt auf die meiner Meinung nach besten Zutaten legen: Kartoffel und Aubergine. Nicht verzichtet habe ich auf die originale Verwendung von Zimt. Normalerweise benutze ich zwar immer eine Zimtstange, doch in diesem Fall eignet sich gemahlener Zimt besser. Die Zutatenliste mag im Vergleich vielleicht ein bisschen reduziert sein, der Geschmack ist es aber keinesfalls. Damit ist bewiesen, dass Schummeln auch mal erlaubt ist – nicht, wie in der Schule!

ZUTATEN

3 große Kartoffeln, in 3 mm dicke
Scheiben geschnitten
2 Auberginen, in 5 mm dicke
Scheiben geschnitten
3 EL Olivenöl
800 ml Tomatensoße in zwei
Schritten (siehe Seite 138);
1 TL Zimtpulver

Für die einfache weiße Soße
300 ml Sojamilch
120 g Sojasahne
1 EL Weizenmehl
frisch geriebene Muskatnuss
Salz und frisch gemahlener
schwarzer Pfeffer

ZUBEREITUNG

1. Den Backofen auf 180 °C (160 °C Umluft) vorheizen. Salzwasser in einem mittelgroßen Topf zum Kochen bringen und die Kartoffelscheiben etwa 5 Minuten darin garen. Abgießen und beiseitestellen.

2. Die Auberginenscheiben beidseitig mit Olivenöl bepinseln. Eine Grillpfanne mit geriffeltem Boden erhitzen und die Auberginenscheiben darin von beiden Seiten braten, bis sie gar sind und braune Streifen haben. Falls nötig, noch etwas Olivenöl hinzufügen. Beiseitestellen.

3. Alle Zutaten für die einfache weiße Soße in einem kleinen Topf erhitzen und zum Köcheln bringen. Unter ständigem Rühren eindicken lassen.

4. Für die Moussaka eine Schicht Tomatensoße in eine etwa 19 cm lange Ofenform füllen. Die Hälfte der Auberginenscheiben darüberschichten, darauf eine Lage aus der Hälfte der Kartoffelscheiben. Mit Salz und Pfeffer würzen. Den Vorgang wiederholen und zuoberst die weiße Soße gleichmäßig verteilen.

5. Die Moussaka mit Alufolie abdecken und 30 Minuten im Ofen auf der mittleren Schiene backen. Die Folie entfernen und weitere 15 Minuten goldbraun überbacken.

Schnelles Abendessen für Werktage:
BRATNUDELN

für 2 Personen

Jeder braucht ein Repertoire an superschnellen Rezepten für die Tage, an denen es einfach fix gehen muss. Die fertige süße Chilisoße ist vielleicht etwas weniger gesund als eine selbst gemachte Soße, aber ab und an greife auch ich zur Arbeitserleichterung auf Fertigprodukte zurück. Ich versuche es dann mit etwas besonders Nährstoffreichem auszugleichen: Seien Sie also ruhig großzügig beim Grünkohl. Das Ergebnis schmeckt!

ZUTATEN

Für die Soße
30 ml süße Chilisoße
Saft von 1 Limette
1 TL Apfelessig
2 EL Sojasoße
1 TL Sesamöl
1 EL Öl

Für die Bratnudeln
2 EL Erdnussöl
3 Frühlingszwiebeln, in feinen Ringen
1 Karotte, in schrägen Scheiben
6–8 Stück Mini-Maiskolben, in schrägen Scheiben
3 EL Sojasoße (plus Extramenge zum Nachwürzen)
150 g marinierte Tofustücke (siehe Seite 54)
100 g Grünkohl, gehackt
150 g Udon-Nudeln
gehackter Koriander und geröstete Sesamkörner oder Hanfsamen zum Anrichten

ZUBEREITUNG

1. In einem großen Topf Wasser für die Nudeln zum Kochen bringen. Für die Soße alle Zutaten vollständig miteinander verquirlen und beiseitestellen.

2. Das Erdnussöl in einem Wok oder einer großen Pfanne erhitzen. Die Frühlingszwiebeln darin so lange anbraten, bis sie leicht knusprig sind.

3. Karotte und Mais zusammen mit der Sojasoße zu den Frühlingszwiebeln geben und einige Minuten anbraten.

5. Nun den marinierten Tofu hinzufügen. Einige Minuten unter ständigem Rühren braten, dann den Grünkohl dazugeben. Mit etwas Soße aufgießen und den Grünkohl gar ziehen lassen.

6. Die Udon-Nudeln 6 bis 8 Minuten im kochenden Wasser nach Packungsanweisung garen. Abgießen, unter kaltem Wasser abschrecken und mit der restlichen Soße zum Gemüse geben.

7. Die Bratnudeln kurz im Wok heiß werden lassen, nach Belieben mit Sojasoße abschmecken und mit gehacktem Koriander und gerösteten Sesamkörnern oder Hanfsamen bestreut servieren.

Grundrezept für GNOCCHI

für 2 bis 3 Personen

So ein einfaches Gnocchi-Rezept müssen Sie vermutlich lange suchen! Ich reduziere Gerichte bekanntlich gerne aufs absolut Notwendige und versuche, Arbeit zu sparen. Der Trick besteht darin, einen geschmeidigen Teig mit möglichst wenig Mehl herzustellen. Sie sollten maximal 65 g verwenden. Falls der Teig schon mit 50 g toll wird, umso besser! Falls Sie eine Kartoffelpresse besitzen, sollten Sie sie unbedingt benutzen, um lästige Klümpchen zu vermeiden und sich das Durchdrücken der Kartoffeln durch das Küchensieb zu ersparen. Lassen Sie andernfalls diesen Schritt aber bitte trotzdem nicht weg. Oft wird der Teig für Gnocchi zu dünnen Teigsträngen gerollt und mit dem Messer abgeteilt, aber ich reiße lieber kleine Stücke vom Teig ab und forme sie zu mundgerechten Kugeln. Hier bekommen Sie etwa 45 Stück davon.

ZUTATEN

3 mittelgroße mehligkochende Kartoffeln (ca. 500 g), in Würfel geschnitten
65 g Weizenmehl (plus Extramenge zum Bestäuben)
Salz und frisch gemahlener schwarzer Pfeffer

ZUBEREITUNG

1. Salzwasser in einem mittelgroßen Topf zum Kochen bringen. Die Kartoffelstücke hineingeben und gar kochen. Abgießen und anschließend durch die Kartoffelpresse oder ein Küchensieb drücken. Kräftig mit Salz und Pfeffer würzen, beiseitestellen und vollständig abkühlen lassen.

2. Die Hälfte des Mehls löffelweise in den Teig sieben und einkneten. So viel dazugeben, bis ein geschmeidiger Teig entstanden ist.

3. Die Arbeitsfläche mit Mehl bestäuben. Mit den Fingern kleine Stücke vom Teig abreißen und auf der bemehlten Arbeitsfläche zu Kugeln rollen. Mit den Zinken einer Gabel leicht eindrücken und mit Mehl bestäuben. Auf diese Weise den gesamten Teig verarbeiten. Die fertigen Gnocchi einzeln auf eine bemehlte Unterlage legen.

4. Wasser mit etwas Salz in einem großen Topf zum Kochen bringen. Die Gnocchi in kleinen Portionen jeweils 2 bis 3 Minuten lang garen. Sie sind fertig, wenn sie an die Wasseroberfläche steigen. Mit einem Schaumlöffel herausnehmen und zugedeckt in einer Schüssel warm halten, bis alle fertig gegart sind. Servieren Sie die Gnocchi mit der Tomatensoße in zwei Schritten oder dem Pistazien-Petersilie-Walnuss-Pesto.

PERLGRAUPEN-RISOTTO
mit glasiertem Balsamico-Wurzelgemüse

für 4 Personen

Graupen finden meiner Meinung nach viel zu selten Verwendung in der Küche. Dabei sind sie in Risotto-Gerichten eine tolle Alternative zu Reis. Das Garen dauert zwar etwas länger, aber das Ergebnis ist es absolut wert. Die Graupen nehmen die Aromen im Topf wunderbar auf und garantieren so absoluten Genuss. Das in Balsamico geröstete Wurzelgemüse ist das perfekte *Yin* zum cremigen Risotto-*Yang*. Obwohl ich Sojasahne normalerweise nur in kleinen Mengen benutze, mache ich hier nur zu gern eine Ausnahme.

ZUTATEN

Für das Risotto
1 Gemüsebrühwürfel
1 EL Olivenöl
2 Stangen Lauch, in feinen Streifen
Salz, schwarzer Pfeffer
200 g Perlgraupen
100 ml Sojasahne
1 EL Dijonsenf

Für das Gemüse
2 Karotten, in großen Würfeln
1 Pastinake, in großen Würfeln
1 Rote Bete, in großen Würfeln
½ Butternusskürbis, in großen Würfeln
1 Knoblauchzehe, zerdrückt
2 EL Aceto balsamico
4 TL extra-natives Olivenöl
1 EL Agavendicksaft
2 Zweige Thymian
extra-natives Olivenöl
und Thymianblätter zum Garnieren

ZUBEREITUNG

1. Den Backofen auf 200 °C (180 °C Umluft) vorheizen. In einem großen Topf 1 Liter Wasser zum Kochen bringen, den Gemüsebrühwürfel hineinkrümeln und die Hitze auf ein Minimum reduzieren.

2. Für das Risotto das Olivenöl in einem großen, schweren Topf erhitzen. Den Lauch dazugeben, mit Salz und Pfeffer würzen und sanft garen. Der Lauch sollte dabei nicht anbräunen.

3. Die Perlgraupen zum Lauch geben. Kurz mitbraten, dann 2 bis 3 Schöpfkellen heiße Brühe angießen und abwarten, bis die Graupen die gesamte Flüssigkeit aufgesogen haben. Den Vorgang wiederholen, bis die Brühe aufgebraucht ist (dauert mindestens 1 Stunde). Zum Ende der Kochzeit die Sojasahne und den Senf dazugeben, gut verrühren und abschmecken.

4. Für das Gemüse das gewürfelte Wurzelgemüse in eine Auflaufform geben. Knoblauch, Essig, Öl und Agavendicksaft verquirlen und die Mischung über das Wurzelgemüse gießen. Mit Salz und Pfeffer würzen und die Thymianzweige dazulegen. Das Gemüse 40 Minuten im heißen Ofen auf der mittleren Schiene langsam rösten. Dabei hin und wieder durchmischen.

5. Das Perlgraupen-Risotto zum Servieren auf vier tiefe Teller verteilen und in die Mitte eine Mulde drücken. Das glasierte Wurzelgemüse gleichmäßig darin verteilen und mit etwas extra-nativem Olivenöl und ein paar frischen Zweigen Thymian garnieren.

ERBSEN-ZITRONEN-RISOTTO
mit Minzöl beträufelt

für 2 bis 4 Personen

Risotto hat bei mir einen festen Platz im Speiseplan. Halten Sie mich ruhig für verrückt, aber ich stehe tatsächlich gern 20 Minuten am Herd und rühre, das hat eine geradezu therapeutische Wirkung auf mich. Belohnt wird jede Minute, denn heraus kommt ein Reisgericht, das perfekt al dente ist und bei dem keine Wünsche offen bleiben – trotz des fehlenden Käses. Das Minzöl schmeckt so aromatisch und vollmundig, dass sogar veganer Parmesan nur stören würde. Außerdem soll ja auch die Zitrone schön zur Geltung kommen. Jede weitere Zutat wäre einfach zu viel, denn dieses Risotto ist auf das Wesentliche reduziert. Und wird dadurch umso besser.

ZUTATEN

Für das Minzöl
30 g Minzblätter, fein gehackt
30 ml extra-natives Olivenöl
Salz, schwarzer Pfeffer

Für das Risotto
1 Gemüsebrühwürfel
2 EL Olivenöl
1 Zwiebel, fein gehackt
3 Knoblauchzehen, fein gehackt
200 g Risottoreis
200 g Erbsen (TK)
150 g Babyspinat, verlesen und gewaschen
geriebene Schale und Saft von 1 Bio-Zitrone

ZUBEREITUNG

1. Für das Minzöl, das vor dem Servieren etwas durchziehen sollte, die Minzblätter und das Olivenöl in einer kleinen Schüssel verrühren, salzen, pfeffern und beiseitestellen.

2. Für das Risotto in einem großen Topf 1 Liter Wasser zum Kochen bringen, den Gemüsebrühwürfel hineinkrümeln, Hitze auf ein Minimum reduzieren.

3. Das Olivenöl in einem großen Topf erhitzen, die Zwiebeln dazugeben und andünsten. Knoblauch hinzufügen und kurz mitdünsten, ohne anzubräunen.

4. Den Reis hinzufügen und kurz mitbraten. Mit so viel Gemüsebrühe aufgießen, dass der Reis gerade bedeckt ist. Unter ständigem Rühren bei mittlerer Hitze etwas köcheln lassen, bis der Reis die gesamte Flüssigkeit aufgenommen hat. Die restliche Brühe löffelweise mit der Schöpfkelle dazugießen. Unter ständigem Rühren vor dem nächsten Löffel stets erst die Flüssigkeit komplett aufnehmen lassen. So lange fortfahren, bis die gesamte Brühe aufgebraucht ist (dauert etwa 20 bis 25 Minuten).

5. Die Erbsen in einer Schüssel mit kochendem Wasser übergießen, 5 Minuten auftauen lassen und anschließend abgießen. Den Spinat mit dem Zitronensaft zum Risotto geben und weich werden lassen. Nach Belieben nachwürzen. Das Erbsen-Zitronen-Risotto mit dem Minzöl beträufeln und mit geriebener Zitronenschale garniert servieren.

Tortilla-PIZZAS

für 2 Personen als Hauptgericht oder 4 Personen als Vorspeise

Manchmal muss man einfach direkt zur Sache kommen. Und das ruft die unscheinbare Tortilla auf den Plan, denn sie verleiht einen Hauch Italien, ohne die üblichen Back-Schikanen à la „kneten, gehen lassen, backen". Der Hummus ist eine tolle Alternative zu Käse und bringt gleichzeitig eine neue Geschmacksnote ins Spiel. Die Beläge sind nur ein Vorschlag, Sie können im Grunde alles nehmen, was Ihr Herz begehrt. Denken Sie nur daran, nicht zu hoch zu stapeln – sonst steht Ihnen beim Essen eine ziemliche Sauerei bevor!

ZUTATEN

100 g Spinat, verlesen und
gewaschen
110 g Hummus
Saft von ½ Zitrone
frisch gemahlener schwarzer Pfeffer
4 EL Tomaten- oder Gemüsemark
½ TL Knoblauchpaste
4 große Weizentortillas
½ rote Zwiebel, in feine Ringe geschnitten
4 Artischockenherzen (aus dem Glas), in Stücke geschnitten
50 g entsteinte schwarze Oliven, in Ringe geschnitten
2 EL Kapern in Salzlake, abgegossen und gespült
Mehl zum Bestäuben

ZUBEREITUNG

1. Den Backofen auf 220 °C (keine Umluft) vorheizen. Ein umgedrehtes Backblech zum Vorheizen in den Ofen schieben. Es ersetzt den Pizzastein.

2. Salzwasser in einem Topf zum Kochen bringen und Spinat darin kurz blanchieren. Abgießen, die überschüssige Flüssigkeit herausdrücken und mit einem Messer sehr klein schneiden. Beiseitestellen.

3. Den Hummus in einer Schüssel mit dem Zitronensaft zu einer flüssigen Tomatensoße verrühren. Mit Pfeffer würzen und beiseitestellen.

4. Das Tomatenmark mit der Knoblauchpaste verrühren und die Mischung mit etwas Wasser verdünnen. Zwei Tortillas für eine Pizza übereinanderschichten. Dadurch wird der Boden fester und kann besser belegt werden. Die Böden mit der Tomatensoße bestreichen, die Ränder dabei aussparen.

5. Die Pizza zuerst mit dem Spinat, dann den Zwiebelringen, den Artischocken, den Oliven und zuletzt den Kapern belegen. Die Hummussoße großzügig darüber verteilen.

6. Das heiße Backblech (immer noch umgedreht) mit Mehl bestäuben. Die Pizza mit einem großen Pfannenwender auf das Backblech legen und im Ofen auf der mittleren Schiene 8 bis 10 Minuten backen. Gleich nach dem Herausnehmen in Viertel schneiden und servieren.

Dickbodig
PILZ-PIZZA

für 2 bis 3 Personen

Die Pizza in diesem Rezept hat einen selbst gemachten Boden – mit einer Abkürzung! Ich mag meine Rezepte gerne möglichst unaufwendig. Wie schon zuvor, reduzieren wir auch hier die Vorbereitungszeit auf das absolute Minimum (trotz etwas Knetarbeit), was Ihnen sicherlich gelegen kommt, wenn Sie mit den unterschiedlichen Essenszeiten Ihrer Kinder jonglieren müssen. Das bedeutet, wir können diese Pizza in weniger als 30 Minuten auf den Tisch bringen. Klingt gut? Dann los!

ZUTATEN

Für den Pizzateig
250 g Weizenmehl Type 1050 (plus Extramenge zum Bestäuben)
1 Prise Zucker
½ TL Salz
½ TL Backpulver
½ TL Trockenbackhefe
130 ml Sojamilch oder Wasser
2 EL Olivenöl

Für den Cashewkäse
150 g Cashewkerne, mindestens 6 Stunden in kaltem Wasser eingeweicht
Saft von ½ Zitrone
½ TL Salz
½ TL Dijonsenf

Für den Belag
3–4 EL passierte Tomaten
2 EL Olivensoße (siehe Seite 135)
150 g gemischte Pilze, in Scheiben
1 EL getrockneter Oregano

ZUBEREITUNG

1. Für den Teig Mehl, Zucker, Salz, Backpulver und Hefe in einer großen Schüssel vermischen. Die Sojamilch oder das Wasser mit 2 Esslöffeln Olivenöl verquirlen.

2. In die Mitte der Mehlmischung eine Mulde drücken, die Hälfte der Flüssigkeit hineingießen und mit den Händen sehr gut verkneten, bis der Teig weich und geschmeidig ist. Bei Bedarf noch etwas Wasser dazugeben.

3. Den Teig zu einer Kugel formen, mit 1 Esslöffel Olivenöl bestreichen und mit einem sauberen Geschirrtuch abgedeckt an einem warmen Ort 10 Minuten gehen lassen.

4. Den Backofen auf 240 °C (keine Umluft) vorheizen. Ein umgedrehtes Backblech zum Vorheizen in den Ofen schieben. Es ersetzt den Pizzastein.

5. Die Cashewkerne mit 100 ml Wasser, Zitronensaft und dem Salz mit dem Stabmixer glatt pürieren. Bei Bedarf noch etwas Wasser hinzufügen. Zum Schluss den Dijonsenf unterrühren, mit Salz und Pfeffer abschmecken und beiseitestellen.

6. Den Teig mit der Teigrolle ausrollen. Mit den passierten Tomaten und der Olivensoße bestreichen, mit den in Scheiben geschnittenen Pilzen belegen und dem Oregano bestreuen. Zuletzt den Cashewkäse darübergeben und gleichmäßig verteilen. Das heiße Backblech (immer noch umgedreht) mit Mehl bestäuben. Die Pizza auf das Backblech legen und etwa 15 Minuten im Ofen auf der unteren Schiene backen, bis der Boden schön knusprig ist.

NACH SANTORINER ART: SPAGHETTI
mit Zitrone, Kapern und Tomaten

für 4 Personen

Santorin ist ein wunderschöner Urlaubsort. Diese charmante kleine Insel hat mich wirklich in ihren Bann gezogen, ich muss unbedingt noch mal dorthin. Mit ihren reichhaltigen landwirtschaftlichen Erzeugnissen – darunter sonnensüße Tomaten, leckere Kapern und biologisch angebauter Wein (auf Nimmerwiedersehen, Kater!) – ist es ein Eldorado für Feinschmecker. Ich versuche beharrlich, den besonderen Geschmack der Insel in meiner eigenen Küche zu reproduzieren. Falls Sie überlegen, wo Sie auf Reisen am einfachsten vegan leben können, dann ist Santorin genau der richtige Ort für Sie. Selbst der leckere Espresso mit Crema enthält keine Milch und die Menschen dort könnten gar nicht aufgeschlossener sein. Dieses Spaghettirezept ist eine leicht abgewandelte Version eines Gerichts, das ich in der santorinischen Hauptstadt Fira gekostet habe – ein echter Höhepunkt unserer Reise! Wie soll man da denn nicht ständig nur ans Essen denken?

ZUTATEN

400 g Spaghetti
2 EL Olivenöl
3 Schalotten, in feine Ringe geschnitten
3 Knoblauchzehen, fein gehackt
250 g Kirschtomaten, halbiert
Saft von 1 Zitrone
Salz und frisch gemahlener schwarzer Pfeffer
2 EL Kapern in Salzlake, abgegossen, gespült und grob gehackt
100 ml halbtrockener Weißwein
1 EL extra-natives Olivenöl

frisch gehackte glatte Petersilie zum Garnieren

ZUBEREITUNG

1. Salzwasser in einem großen Topf zum Kochen bringen. Darin die Nudeln nach Packungsanweisung kochen. Die Nudeln abgießen und eine Tasse Nudelwasser auffangen.

2. Das Olivenöl in einer großen Pfanne mit schwerem Boden erhitzen und die Schalotten darin kurz anschwitzen. Den Knoblauch und die Tomaten hinzufügen.

3. Sobald die Tomaten weich werden, den Zitronensaft dazugießen. Mit Salz und Pfeffer würzen und etwas einkochen lassen. Kapern und Wein hinzufügen und bei starker Hitze leicht eindicken lassen, dabei immer wieder umrühren.

4. Die Spaghetti mit der Soße vermengen, das Nudelwasser dazugießen und so lange warten, bis die Nudeln den Geschmack der Soße aufgenommen haben. Erst dann auf Tellern anrichten.

5. Die Spaghetti mit extra-nativem Olivenöl beträufeln und mit frisch gehackter Petersilie bestreut servieren.

MAKKARONI OHNE KÄSE
mit krossem Grünkohl

für 2 bis 4 Personen

Viele Leute bedauern mich wegen meiner käselosen Existenz. Es stimmt, Käse gehört nicht mehr zu meinem Leben. Und da ich früher ein großer Freund von Milchprodukten war, verstehe ich eigentlich selber nicht so ganz, warum ich ihn gar nicht vermisse. Bestimmt hat es mit Gerichten wie diesem zu tun, die den früheren Genuss perfekt ersetzen können. Und irgendetwas sagt mir, dass Sie dem Cheddar ebenfalls nicht nachweinen werden …

ZUTATEN

1 Butternusskürbis (750–900 g),
halbiert und entkernt
200 g Kokosmilch
1 gestrichener TL Dijonsenf
½ Gemüsebrühwürfel
1 TL Apfelessig
250 g Makkaroni
Salz und frisch gemahlener
schwarzer Pfeffer

Für den krossen Grünkohl
1 EL Olivenöl
150 g Grünkohl, gewaschen und in
mundgerechte Stücke gezupft
1 TL Meersalzflocken

ZUBEREITUNG

1. Den Backofen auf 200 °C (160 °C Umluft) vorheizen. Die Kürbishälften mit den Schnittflächen nach unten in einen Bräter legen, 100 ml Wasser dazugießen und im Ofen auf der mittleren Schiene etwa 1 Stunde weich garen. Herausnehmen und leicht abkühlen lassen (den Ofen weiter heizen). Dann das Kürbisfleisch mit einem Löffel herausschaben, die Kokosmilch hinzufügen und mit dem Stabmixer fein pürieren.

2. Das Kürbis-Püree in einem Topf zum Köcheln bringen. Den Dijonsenf, den zerkrümelten Gemüsebrühwürfel und den Essig hinzufügen. Salzen und pfeffern und mit etwas Wasser verdünnen. Die Soße 20 Minuten köcheln lassen, bis sie eindickt und hellgelb wird.

3. Salzwasser in einem großen Topf zum Kochen bringen und die Nudeln darin nach Packungsanweisung kochen.

4. Währenddessen die Grünkohlblätter von beiden Seiten mit reichlich Olivenöl bepinseln. Die Blätter auf ein Backblech legen und 8 bis 10 Minuten im Ofen auf der mittleren Schiene rösten, bis sie schön knusprig sind. Sofort nach dem Herausnehmen mit Meersalzflocken bestreuen.

5. Die Nudeln abgießen, zur Soße in den Topf geben und vermischen. Bei schwacher Hitze langsam erwärmen. Die Makkaroni mit dem gesalzenen, krossen Grünkohl garnieren und servieren.

EINFACHE KRÄUTER-
NUDELN

mit langsam gerösteten Tomaten

für 4 Personen

Dieses supergrüne Pastagericht trifft definitiv direkt ins Schwarze! Es grenzt immer wieder an ein Wunder, dass ich es erwarten kann, bis die Tomaten fertig geröstet sind. Acht Stunden sind wirklich eine unchristlich lange Zeit! Die Geduld zahlt sich aber aus, denn sie machen die Kräuternudeln zu etwas ganz Besonderem. Heiß oder kalt serviert stecken sie voller frischer Aromen. Trotzdem stehlen ihnen die Tomaten beinahe die Show. Also nehmen Sie sich die Zeit und probieren Sie es nicht ohne: Sie würden echt was verpassen!

ZUTATEN

Für die gerösteten Tomaten
5 große Tomaten, entstielt, halbiert
1 EL Aceto balsamico
2 EL Olivenöl
1 EL Kräuter der Provence
Salz und frisch gemahlener
schwarzer Pfeffer

Für die Nudeln
jeweils 30 g frische glatte Petersilie,
Koriander und Basilikum
¼ Fenchelknolle, grob geschnitten
1 Stange Staudensellerie, grob
geschnitten
½ Zwiebel, grob gehackt
2 Knoblauchzehen
Saft von 1 Zitrone
30 ml Olivenöl
250 g kurze Nudeln
(z. B. Muscheln)
1 Gemüsebrühwürfel
griechisches Basilikum und
Olivenöl zum Anrichten

ZUBEREITUNG

1. Den Backofen auf 110 °C (80 °C Umluft) vorheizen.

2. Für die gerösteten Tomaten die Tomatenhälften in einen Bräter legen. Essig, 1 Esslöffel Olivenöl, 1 Teelöffel Salz, ½ Teelöffel schwarzen Pfeffer und die Kräuter der Provence gleichmäßig darauf verteilen und im Ofen auf der mittleren Schiene 7 bis 8 Stunden rösten. Herausnehmen und abkühlen lassen. Vor dem Servieren mit dem restlichen Olivenöll beträufeln.

3. Für die Nudeln die Kräuter, Fenchel, Sellerie, Zwiebeln und Knoblauch im Blitzhacker grob zerkleinern, Zitronensaft und Olivenöl hinzufügen und mit Salz und Pfeffer würzen. Die Kräuterpaste in einem großen Topf 5 bis 7 Minuten unter Rühren sanft rösten.

4. Die Nudeln hinzufügen und mit der Paste vermischen. Den Gemüsebrühwürfel darüberkrümeln und so viel kaltes Wasser dazugießen, dass die Nudeln vollständig bedeckt sind. Zum Kochen bringen und so lange köcheln lassen, bis die Nudeln das gesamte Wasser aufgenommen haben und weich gekocht sind. Wenn nötig, noch etwas Wasser hinzufügen. Dabei immer wieder umrühren.

5. Die Kräuternudeln mit dem griechischen Basilikum bestreuen und mit etwas Olivenöl beträufelt servieren, dazu die gerösteten Tomaten reichen.

FÜR BESONDERE *Anlässe*

Bloody Mary
BRUSCHETTA

für 8 bis 12 Personen

Wer sagt, dass Alkohol nur in Cocktails Verwendung findet? Ich gebe oft einen Schuss Whisky in Sahnesoßen oder etwas Tequila zu meiner selbst gemachten Salsa. Warum also nicht auch ein Schlückchen Wodka auf die Bruschetta? Diese kleinen alkoholgetränkten Scheiben sind ein wunderbarer Appetizer und genial zum Brunch. Sie bringen Sie morgens entweder schnell auf den Weg der Besserung oder dienen als fulminanter Kickstart in den Abend. Das ist doch Musik in meinen Bloody Mary liebenden Ohren!

ZUTATEN

1 kleines Baguette
1 Knoblauchzehe
3–4 EL extra-natives Olivenöl
4 große, reife Tomaten,
grob gewürfelt
1 EL Zitronensaft
25 ml Wodka
1 TL Aceto balsamico
¼ TL Tabascosoße
Salz und frisch gemahlener
schwarzer Pfeffer
1 Stange Staudensellerie
mit Blättern

ZUBEREITUNG

1. Eine geriffelte Grillpfanne bei mittlerer Hitze erwärmen oder den Backofengrill auf mittlere Hitze vorheizen. Das Baguette in etwa 4 cm dicke Scheiben schneiden, die Schnittflächen jeweils mit der Knoblauchzehe einreiben und mit etwas extra-nativem Olivenöl beträufeln. Von beiden Seiten in der Grillpfanne braten oder auf dem Grillrost kross rösten.

2. Die gehackten Tomaten mit Zitronensaft, Wodka, Essig und Tabascosoße in eine Schüssel geben. Mit Salz und Pfeffer würzen und gut miteinander vermengen.

3. Den Staudensellerie putzen, die Blätter entfernen und beiseitestellen. Fein würfeln und zur Tomatenmischung geben. Mit Salz und Pfeffer abschmecken und gleichmäßig auf die gerösteten Baguettescheiben verteilen.

4. Die zurückbehaltenen Sellerieblätter hacken und über die Bruschetta streuen. Mit einem zusätzlichen Spritzer Olivenöl und einer Prise frisch gemahlenem schwarzen Pfeffer garnieren. Sofort servieren.

TIPP
Sie können die Bruschetta auch mit klein gehackten schwarzen Oliven bestreuen.

Paprika-Erbsen-Party-FRITTATAS

für 6 bis 8 Personen

Gute Ideen für vegane Partyhäppchen zu finden ist manchmal gar nicht so einfach. Wenn ich eingeladen bin, beschränkt sich die Auswahl meist auf rohes Gemüse mit Dip. Um Peinlichkeiten (für mich und die anderen) zu vermeiden, zaubere ich als Mitbringsel immer ein paar dieser Frittatas. Meistens kommen sie sehr gut an – manchmal sogar etwas zu gut: „Ähm, Moment mal, lasst mir noch ein paar übrig!"

ZUTATEN

1 EL Sonnenblumenöl

1 Zwiebel, fein gehackt

1 rote Paprika, entkernt und fein gewürfelt

2 große Knoblauchzehen, fein gehackt

150 g Erbsen (TK)

Salz und frisch gemahlener schwarzer Pfeffer

35 g frische glatte Petersilie, gehackt

400 g fester Tofu

1 TL Kurkumapulver

1 EL Maismehl

¼ TL Dijonsenf

50–100 ml Sojamilch

ZUBEREITUNG

1. Den Backofen auf 200 °C (180 °C Umluft) vorheizen. Das Öl in einer großen Pfanne erhitzen und die Zwiebeln darin kurz anschwitzen, ohne sie anzubräunen.

3. Die Paprika hinzufügen und mitbraten, bis sie weich ist. Knoblauch, Erbsen und 1 Esslöffel Wasser dazugeben, mit Salz und Pfeffer würzen und so lange garen, bis die Erbsen aufgetaut sind. Die gehackte Petersilie unterrühren und beiseitestellen.

4. Den Tofu auf einem flachen Teller mit einem Küchenbrett bedecken und dieses beschweren (z. B. mit großen Dosen oder Getränkekartons). Auf diese Weise den Tofu etwa 15 Minuten auspressen. Die restliche Flüssigkeit anschließend mit der Hand ausdrücken.

5. Den Tofu zerbröckeln, Kurkuma, Maismehl, Senf, 50 ml Sojamilch und Salz und Pfeffer hinzugeben und mit dem Stabmixer glatt pürieren. Falls die Mischung zu dick ist, noch etwas Sojamilch dazugießen. Die Konsistenz sollte an weiche Schlagsahne erinnern.

6. Das Püree in einer großen Schüssel gut mit der Zwiebel-Paprika-Erbsen-Mischung vermengen. Bis knapp unter den Rand in 8 Muffin-Förmchen füllen.

7. Die Frittatas 30 Minuten im Ofen auf der mittleren Schiene backen. Herausnehmen, abkühlen lassen und in den Förmchen kalt stellen. Sie halten sich mehrere Tage und schmecken am besten gekühlt serviert.

Balsamico-Pfeffer-CASHEW-„KÄSE"

für 4 bis 6 Personen

Zu Beginn meines veganen Lebens hatte ich absolut keine Ahnung von veganem Käse. Mein erster veganer Fertig-„Käse" schmeckte so scheußlich, dass ich meinen Geschmacksnerven lange keinen erneuten Test zumuten wollte. Erst „Cashew-Käse" machte mich wieder neugierig und ich fing an, nach Rezepten zu suchen. Im Laufe der Jahre (und mit der Hilfe meines Ehemanns als oberster Geschmackstester) habe ich mehrere einfache Cashew-Käse-Rezepte entwickelt. Der hier sieht besonders lecker auf der Käseplatte aus. Meine Freunde sind immer wieder ganz baff davon, dass er aus Nüssen besteht. Zur Basis aus Cashewkernen können Sie fast alles ergänzen, was Ihnen schmeckt. Ich persönlich liebe den Kontrast zwischen dem süßlich-scharfen Aceto balsamico und den aromatischen schwarzen Pfefferkörnern. Außerdem bekommt man damit eine wunderbar knusprige Hülle. Serviert mit etwas Weißbrot und dem obligatorischen Glas Rotwein ist er der perfekte Abschluss für ein rundum harmonisches veganes Menü mit Freunden.

ZUTATEN

130 g Cashewkerne
3 EL Aceto balsamico
1 EL gemischte getrocknete Kräuter
2–3 TL grobes Meersalz
1 EL zerdrückter schwarzer Pfeffer
(plus Extramenge zum Wälzen)

ZUBEREITUNG

1. Die Cashewkerne über Nacht in Wasser einweichen.

2. Am nächsten Tag abgießen, mit Wasser spülen und zusammen mit dem Essig, den Kräutern und etwas Salz und Pfeffer mit dem Mixer glatt pürieren, die Masse dabei mit einem Teigspatel immer wieder vom Rand schaben. Bis die gewünschte Konsistenz erreicht ist, dauert es etwa 10 bis 15 Minuten. Sie erinnert an weichen Ziegenkäse oder Kräuterfrischkäse. Falls nötig, ½ bis 1 Esslöffel Wasser hinzufügen (Vorsicht, nicht zu viel nehmen).

3. Die Cashewmischung in Frischhaltefolie wickeln und zu einer dicken Rolle formen. Eng in die Folie einwickeln und 1 Stunde im Gefrierfach fest werden lassen.

4. Herausnehmen und im Kühlschrank aufbewahren. Unmittelbar vor dem Servieren in zerdrückten schwarzen Pfefferkörnern wälzen.

Mit Spargel und Minzerbsen
ROTER ZWIEBELKUCHEN

für 4 Personen

Ich gebe es zu, ab und zu verwende ich fertig gekaufte Zutaten. Fertiger Blätterteig ist eines der wenigen Zugeständnisse, die ich gerne für eine schnelle und einfache Tarte mache. Betrachten Sie es einfach als Zeitersparnis (oder bloße Faulheit), denn es ist die einfachste Möglichkeit, dieses Essen ohne allzu große Umstände auf den Tisch zu bringen. Die karamellisierten roten Zwiebeln erfordern allerdings etwas Geduld. Dafür überzeugt der Kuchen mit einem delikaten Dreiklang von Aromen, der die mangelnden Backkünste mehr als wettmacht.

ZUTATEN

Für die Zwiebeln
3 EL Olivenöl
4 rote Zwiebeln, in feinen Ringen
1 TL getrockneter Thymian
1 EL Zucker
Salz, schwarzer Pfeffer
Rotweinessig

Für das Erbsenpüree
450 g Erbsen (TK)
30 g frische Minzblätter, grob gehackt
(plus Extramenge zum Garnieren)
2 EL Olivenöl
Saft von 1 Zitrone

fertiger Blätterteig aus dem Kühlregal
(13,5 x 22,5 cm)
300 g grüner Spargel, längs halbiert
Olivenöl zum Beträufeln
geriebene Schale von 1 Bio-Zitrone
grobes Meersalz

ZUBEREITUNG

1. Für die Zwiebeln 2 Esslöffel Olivenöl in einer mittelgroßen Pfanne mit schwerem Boden erhitzen und die Zwiebeln darin anschwitzen. Den getrockneten Thymian und den Zucker darüberstreuen, salzen und pfeffern. Sobald die Zwiebeln weich werden, einen Schuss Essig hinzufügen. Falls nötig, das restliche Öl zugeben und 30 Minuten sanft weitergaren, bis die Zwiebeln vollkommen weich sind.

2. Für das Erbsenpüree die Erbsen in einer Schüssel mit kochendem Wasser übergießen und ein paar Minuten ziehen lassen. Abgießen und zusammen mit der gehackten Minze, dem Olivenöl und dem Zitronensaft mit dem Stabmixer zu einem grobstückigen Mus pürieren. Mit Salz abschmecken und beiseitestellen.

3. Den Backofen auf 200 °C (180 °C Umluft) vorheizen. Den Blätterteig vierteln und auf zwei Backbleche verteilen.

4. Die Teigstücke mit dem Erbsenpürees bestreichen, am Rand jeweils 1 cm freilassen. Gleichmäßig mit den Zwiebeln belegen und je 5 halbierte Spargelstangen darauf verteilen. Mit etwas Olivenöl beträufeln, salzen und pfeffern und 25 bis 30 Minuten im Ofen auf der mittleren Schiene backen.

5. Herausnehmen und mit der geriebenen Zitronenschale, frisch gehackter Minze und einer Prise grobem Meersalz bestreuen. Warm servieren. Der Zwiebelkuchen passt hervorragend zu einem Salat aus Rucola und Avocado.

GEBACKENE AUBERGINEN
mit Zitronen-Couscous
für 2 Personen

Couscous esse ich unglaublich gerne. Obwohl er fälschlicherweise oft für Getreide gehalten wird, ist er in Wirklichkeit eher mit Nudeln verwandt, denn er wird aus gemahlenen Hartweizenkörnchen hergestellt. Man könnte hier als Füllung natürlich auch eine proteinreiche Variante wie Quinoa wählen (tun Sie das ruhig, wenn Sie möchten), aber irgendwie ist so ein Bissen zitronig duftender Couscous doch sehr verführerisch.

ZUTATEN

1 Aubergine, längs halbiert
2 TL Harissa
4–5 EL Olivenöl
Salz und frisch gemahlener schwarzer Pfeffer
150 g Couscous
geriebene Schale von ½ Bio-Zitrone
Saft von 1 Zitrone
1 TL geräuchertes Paprikapulver
3 EL Pinienkerne, geröstet
30 g frische glatte Petersilie, gehackt (plus Extramenge zum Garnieren)
1 TL Sesamkörner, geröstet, zum Garnieren

Für das Tahina-Dressing
100 g Tahinapaste
2 EL Zitronensaft
2 EL Olivenöl
1 EL Ahornsirup oder Agavendicksaft
¼ TL Salz

ZUBEREITUNG

1. Backofen auf 180 °C (160 °C Umluft) vorheizen. Ein Backblech einfetten.

2. Das Fleisch der Auberginenhälften diagonal in beide Richtungen einritzen, sodass ein Rautenmuster entsteht, auf das Backblech legen und 1 Teelöffel Harissa in die Schnitte streichen. 1 Esslöffel Olivenöl über jede Hälfte träufeln, mit Salz und Pfeffer würzen und etwa 40 Minuten im Ofen auf der mittleren Schiene backen, bis das Fruchtfleisch ganz weich ist. Nach der Hälfte der Backzeit umdrehen.

3. Couscous und Zitronenschalen in einer Schüssel mit 150 ml kochendem Wasser übergießen, abdecken und etwa 10 Minuten quellen lassen. Zitronenschalen entfernen und den Couscous mit einer Gabel auflockern.

4. Das Auberginen-Fruchtfleisch mit einem Löffel auskratzen, dabei genug Fruchtfleisch an den Seiten übrig lassen, dass die Aubergine ihre Form behält. Grob hacken und den Couscous, den Zitronensaft, das geräucherte Paprikapulver und das restliche Olivenöl unterrühren. Mit Salz und Pfeffer würzen und die gerösteten Pinienkerne und die Petersilie hinzufügen. Die Mischung gleichmäßig auf die Auberginenhälften verteilen und im Ofen weitere 15 bis 20 Minuten backen.

5. Für das Dressing Tahinapaste in einer Schüssel mit Zitronensaft, Olivenöl, Ahornsirup oder Agavendicksaft, Salz und 2 Esslöffeln Wasser verquirlen.

6. Die gefüllten Auberginen aus dem Ofen nehmen, mit etwas Tahinadressing übergießen und mit Sesamkörnern und Petersilie bestreut servieren.

MAROKKANISCHER
KICHERERBSENEINTOPF
mit Safran-Couscous

für 2 bis 4 Personen

„Rauchig-süßer, mild-pikanter Eintopf": So hätte ich dieses Gericht wahrscheinlich nennen sollen. Aber die Schlichtheit seines Namens hätte womöglich darüber hinweggetäuscht, wie fantastisch er schmeckt. Und ich möchte in dieser Hinsicht keinesfalls Verwirrung stiften, denn der Eintopf ist der Inbegriff von Köstlichkeit.

ZUTATEN

2 EL Sonnenblumenöl

1 rote Zwiebel, grob gehackt

1 rote Paprika, entkernt und grob geschnitten

1 Karotte, grob geschnitten

Salz, schwarzer Pfeffer

2 Knoblauchzehen, fein gehackt

1 Aubergine, in groben Würfel

4 große Tomaten

1 TL Kreuzkümmelpulver

1 TL geräuchertes Paprikapulver

½ TL Korianderpulver

½ TL Zimtpulver

1 EL Tomatenmark

400 g Kichererbsen (aus der Dose)

5 große Datteln (z. B. Medjoul)

250 g Couscous

1 Prise Safranfäden

geriebene Schale und Saft von 1 Bio-Zitrone

1 TL gekörnte Gemüsebrühe

3 EL extra-natives Olivenöl

30 g frische glatte Petersilie, gehackt

ZUBEREITUNG

1. In einem mittelgroßen, schweren Topf 1 EL Öl erhitzen. Zwiebeln, Paprika und Karotte dazugeben, mit Salz und Pfeffer würzen und ein paar Minuten anbraten. Den Knoblauch und die Aubergine mit dem restlichen Öl hinzufügen und zugedeckt 5 bis 10 Minuten schmoren. Gelegentlich umrühren.

2. Die Tomaten kreuzweise einritzen, in einer Schüssel mit kochendem Wasser übergießen, kurz ziehen lassen, häuten und das Fleisch fein würfeln.

3. Die Gewürze über das geschmorte Gemüse streuen und kurz mitgaren. Dann die Tomatenwürfel dazugeben, mit Salz und Pfeffer abschmecken und zum Köcheln bringen.

4. Wenn die Tomaten zu zerfallen beginnen, das Tomatenmark hinzufügen. Umrühren, aufdecken und köcheln lassen, bis das Gemüse weich ist (etwa 20 Minuten). Die Kichererbsen abgießen und spülen sowie die Datteln entsteinen und hacken. Kichererbsen und gehackte Datteln hinzufügen und weitere 10 Minuten mitgaren.

5. Den Couscous mit den Safranfäden und den Zitronenschalen in eine Schüssel geben. Die gekörnte Gemüsebrühe in 250 ml kochendem Wasser auflösen und über den Couscous gießen und 5 bis 10 Minuten quellen lassen. Die Zitronenschalen entfernen und den Couscous mit einer Gabel auflockern. Zitronensaft, extra-natives Olivenöl und glatte Petersilie unterrühren. Den Safran-Couscous auf Teller verteilen und den fertigen Kichererbsen-Eintopf darauf verteilen.

KÖTTBULLAR-GEMÜSEBÄLLCHEN
mit Senfsahnesoße
für 2 bis 3 Personen

Ich versuche es zu vermeiden, etwas Veganes mit „fleischig" zu beschreiben. Darum nenne ich die traditionellen schwedischen Hackbällchen (die in einem gewissen schwedischen Möbelgeschäft serviert werden …) lieber Gemüsebällchen. Statt der typischen Dillsoße habe ich mich für eine etwas deftigere Senfsoße entschieden, die meiner Meinung nach sehr gut zu den bodenständigen Linsen passt. Die Polentakruste macht die Bällchen wunderbar knusprig, da ist mit Sicherheit jeder Gast an Ihrem Tisch glücklich und zufrieden!

ZUTATEN

400 g grüne Linsen (aus der Dose),
abgegossen und gespült
½ TL Knoblauchpulver
oder 1 große Knoblauchzehe,
sehr fein gehackt
3 EL Weizenmehl
Salz und frisch gemahlener
schwarzer Pfeffer
60 g Polenta
Sonnenblumenöl zum Braten

Für das Kartoffelpüree
4 Kartoffeln, in kleine Würfel
geschnitten
1 EL vegane Margarine

Für die cremige Senfsoße
400 g Kokosmilch
1 TL Apfelessig
1 EL Maismehl
1 gehäufter EL Ganzkornsenf

ZUBEREITUNG

1. Für die Gemüsebällchen Linsen mit Knoblauchpulver oder gehacktem Knoblauch und 1 Esslöffel Mehl vermischen, salzen, pfeffern und 30 Minuten in den Kühlschrank stellen.

2. Die Polenta und das restliche Mehl jeweils in einen Teller geben. Die Linsenmasse zu 10 gleich großen Bällchen formen und jeweils erst in Mehl und dann in der Polenta wälzen. Die panierten Bällchen auf ein mit Backpapier ausgelegtes Backblech legen und 30 Minuten kühl stellen.

3. Für das Kartoffelpüree Salzwasser in einem mittelgroßen Topf zum Kochen bringen und darin die Kartoffeln 15 bis 20 Minuten weich kochen. Abgießen und mit der veganen Margarine mit dem Kartoffelstampfer zu einem Püree zerstampfen. Mit Salz und Pfeffer abschmecken, abgedeckt beiseitestellen.

4. Für die Senfsoße Kokosmilch und Essig in einen Topf geben, mit Salz und Pfeffer würzen und langsam zum Köcheln bringen. Das Maismehl mit etwas Kokosmilch verrühren, die Mischung zur Soße gießen und unter ständigem Rühren eindicken lassen. Senf unterrühren, nochmals kurz erhitzen und bei niedriger Hitze warm halten. Gelegentlich umrühren.

5. Reichlich Sonnenblumenöl in einer Pfanne erwärmen. Die Gemüsebällchen nochmals in der restlichen Polenta wälzen und in kleinen Portionen goldbraun und knusprig braten. Zusammen mit dem Kartoffelpüree und der cremigen Senfsoße servieren.

SCHÄFERINNENPASTETE
~ mit Süßkartoffelkruste ~

für 4 Personen

Als Irin empfinde ich große Zuneigung für die bescheidene Kartoffelknolle. Ab und zu muss ich mich aber dennoch von meinen „Kartoffelfresser"-Wurzeln losreißen und anderen, ebenso wunderbaren Gemüsesorten eine Chance geben … Abgesehen davon harmoniert die Süßkartoffel hervorragend mit der reichhaltigen Tomatensoße in dieser Pastete – vor allem in Verbindung mit dem unverwechselbaren Dillaroma, welches das Gericht erst so richtig zum Leben erweckt.

ZUTATEN

1 EL Olivenöl
1 kleiner Lauch, fein geschnitten
1 Pastinake, gewürfelt
1 Karotte, gewürfelt
1 Stange Staudensellerie, in Ringen
1 EL Kräuter der Provence
Salz, schwarzer Pfeffer
2 Knoblauchzehen, fein gehackt
2 EL Aceto balsamico
400 g gehackte Tomaten (aus der Dose)
1 EL Tomatenmark
1 TL Hefeextrakt (Bioladen)
1 TL Zucker
400 g grüne Linsen (aus der Dose)
150 g Erbsen (TK)

Für das Süßkartoffelpüree
4 Süßkartoffeln, gewürfelt
1 TL vegane Margarine
1 gehäufter TL Dijonsenf
20 g Dill, grob gehackt

ZUBEREITUNG

1. Das Olivenöl in einer großen Pfanne erhitzen. Lauch, Pastinake, Karotte, Sellerie und Kräuter dazugeben. Salzen, pfeffern und weich garen.

2. Den Knoblauch und die Hälfte des Essigs hinzufügen und 10 Minuten kochen. Dann die Tomaten, das Tomatenmark mit 100 ml Wasser, den restlichen Essig, Hefeextrakt und Zucker dazugeben. 20 Minuten köcheln lassen. Falls nötig, noch etwas Wasser hinzufügen.

3. Für das Püree Salzwasser in einem großen Topf zum Kochen bringen. Die Süßkartoffelstücke darin 15 bis 20 Minuten gar kochen. Abgießen und mit der veganen Margarine mit dem Kartoffelstampfer stampfen. Mit Salz und Pfeffer würzen, Senf und Dill unterrühren und bei schwacher Hitze wieder erwärmen. So lange rühren, bis das Süßkartoffelpüree trockener und fester ist (etwa 5 Minuten). Vom Herd nehmen und beiseitestellen.

4. Den Backofen auf 180 °C (160 °C Umluft) vorheizen. Linsen abgießen, spülen und zur Tomatensoße geben. Erbsen hinzufügen und weitere 5 Minuten garen. Linsenmischung in eine längliche Ofenform gießen. Das Süßkartoffelpüree darüber verstreichen, sodass die Linsen völlig bedeckt sind.

5. Im Ofen auf der mittleren Schiene 25 bis 30 Minuten backen, bis das Püree Blasen wirft. Aus dem Backofen nehmen und vor dem Servieren etwas abkühlen lassen.

Im mexikanischen Stil: LASAGNE

für 4 Personen

Wenn Sie Lasagne hören, schicken Sie da unweigerlich Stoßgebete an den Himmel, damit nur bloß die weiße Soße cremig und die Nudelblätter gar werden? Wenn Sie so wie ich liebend gern in die vielen Schichten der leckeren Füllung abtauchen, aber nicht immer Zeit und Lust auf die viele Arbeit haben, ist diese mexikanische Lasagne die perfekte Zwischenlösung. Sie stillt wenigstens teilweise den allzu häufigen Hunger nach etwas Nervennahrung. Ihr Innenleben hat zwar nicht viel mit der traditionellen italienischen Variante gemein, aber macht nichts: Diese Lasagne schmeckt mindestens genauso gut – wenn nicht sogar etwas besser!

ZUTATEN

Für das Bohnenmus
1 EL Sonnenblumenöl
1 Zwiebel, fein gehackt
Salz und frisch gemahlener
schwarzer Pfeffer
2 Knoblauchzehen, fein gehackt
1 gehäufter TL Kreuzkümmelpulver
1 TL Paprikapulver
400 g Bohnen (aus der Dose; z. B.
Borlotti oder Pinto), abgegossen
und gespült
einige Zweige Thymian, Stil ent-
fernt, Blätter grob gehackt
1 Gemüsebrühwürfel
2 Lorbeerblätter

ZUBEREITUNG

1. Für das Bohnenmus Öl in einem mittelgroßen Topf erhitzen und die Zwiebeln dazugeben. Mit Salz und Pfeffer würzen und die Zwiebeln ein paar Minuten anschwitzen, bis sie weich sind. Dann den Knoblauch, den Kreuzkümmel und das Paprikapulver hinzufügen und einige Minuten weiterbraten.

2. Die Bohnen mit den Thymianblättern zu den Zwiebeln geben, salzen, pfeffern und mit Wasser aufgießen, bis die Bohnen bedeckt sind. Den zerbröselten Gemüsebrühwürfel und die Lorbeerblätter hinzufügen und 30 bis 40 Minuten köcheln lassen. Falls nötig, etwas Wasser hinzufügen.

3. Die Lorbeerblätter entfernen und die Bohnen mit dem Gabelrücken oder einem Kartoffelstampfer zerdrücken. Bei sehr schwacher Hitze unter häufigem Rühren warm halten. Wenn das Mus zu sehr eindickt, mit etwas Wasser verdünnen.

4. Für die Tomatensoße das Öl in einem Topf erhitzen. Chilischote und Knoblauch leicht darin anbraten, den Knoblauch aber nicht anbräunen. Die Tomaten, Tomatenmark, Zucker, Gewürze und 1 Esslöffel Wasser hinzufügen. Salzen und 30 Minuten leicht köcheln lassen.

WEITER »

Für die Tomatensoße
1 EL Sonnenblumenöl
1 rote Chilischote, entkernt und fein
gehackt
2 Knoblauchzehen, fein gehackt
400 g gehackte Tomaten (aus der
Dose)
1 EL Tomatenmark
1 Prise Zucker
¼ TL Cayennepfeffer
½ TL Paprikapulver

Für die Süßkartoffeln
2 große Süßkartoffeln, gewaschen
und in große Würfel geschnitten
1 TL geräuchertes Paprikapulver
1 EL Olivenöl

Für die Lasagne
4 Weizentortillas
250 g TK-Mais, aufgetaut, abgegossen
400 g schwarze Bohnen (aus der
Dose), abgegossen und gespült
gehackte Korianderblätter
zum Garnieren

Zubereitung

5. Für die gerösteten Süßkartoffeln den Backofen auf 150 °C (120 °C Umluft) vorheizen. Süßkartoffelwürfel auf einem Backblech mit dem Paprikapulver würzen und dem Olivenöl beträufeln. Kräftig mit Salz und Pfeffer würzen und Kartoffeln miteinander vermischen, damit sie gut vom Öl und den Gewürzen bedeckt sind. 30 bis 40 Minuten im Ofen backen. Nach dem Herausnehmen beiseitestellen (Ofen geheizt lassen).

8. Zum Schichten der Lasagne den Boden einer 19 cm langen Ofenform mit etwas Tomatensoße bestreichen – gerade so viel, dass die Tortillas nicht am Boden festkleben. Alle Tortillas halbieren und so über die Soße schichten, dass die geraden Kanten am Rand der Ofenform abschließen.

9. Die Hälfte des Bohnenmuses über den Tortillas verstreichen. Die Hälfte vom Mais und den schwarzen Bohnen darübergeben. Die Schicht mit der Hälfte der gerösteten Süßkartoffeln und etwas Tomatensoße beenden.

10. Diesen Vorgang wiederholen, bis alle Zutaten aufgebraucht sind, mit der Tomatensoße abschließen und 2 Esslöffel davon beiseitestellen. Die Lasagne 30 Minuten im heißen Ofen auf der mittleren Schiene backen.

11. Die zurückbehaltene Tomatensoße mit etwas Wasser verdünnen und noch einmal aufwärmen. Über die fertige Lasagne gießen und mit gehacktem Koriander bestreut servieren.

Rote-Linsen- SPINAT-LASAGNE

für 4 bis 6 Personen

Ich war schon immer ein riesiger Lasagne-Fan. Das Zubereiten dieser tollen fleischfreien Version ist einem selbst nach einem anstrengenden Arbeitstag nicht zu viel: Es versteckt sich weder Tomatensoße noch Käse darin und mit Sicherheit essen Sie mindestens zwei Portionen! Dafür sorgt die Vielfalt der enthaltenen Aromen. Eine nette Überraschung ist der Spinatboden. Man kann ihn leicht durch Grünkohl oder ein anderes Blattgemüse ersetzen. Verwenden Sie unbedingt frisch gemahlene Muskatnuss und kein fertiges Muskatpulver, damit Ihre Béchamelsoße am Ende nicht eher nach Latte Macchiato als nach pikanter Soße schmeckt.

ZUTATEN

Für die Linsenschichten
1 EL Öl
1 Zwiebel, fein gewürfelt
1 Karotte, fein gewürfelt
1 Pastinake, fein gewürfelt
1 Zweig Rosmarin, Blätter fein
gehackt
250 g rote Linsen
1 Gemüsebrühwürfel
Salz und frisch gemahlener
schwarzer Pfeffer

Für die Nudel- und Spinatschichten
200 g Spinat
1 EL Olivenöl
9 Lasagneblätter
frisch geriebene Muskatnuss zum
Würzen

ZUBEREITUNG

1. Für die Linsenschichten Öl in einem mittelgroßen Topf mit schwerem Boden erhitzen und darin das Gemüse bis auf die Linsen weich anbraten. Salzen, pfeffern, den Rosmarin hinzufügen und 5 Minuten weiterbraten.

2. Linsen hinzufügen und mit kaltem Wasser aufgießen. Den Gemüsebrühwürfel hineinkrümeln und unter ständigem Rühren zum Köcheln bringen. Wenn beinahe die ganze Flüssigkeit aufgesogen ist, erneut Wasser dazugießen, so lange, bis die Linsen gar sind (dauert etwa 15 bis 20 Minuten). Sie sollten weich, aber nicht breiig sein. Anschließend beiseitestellen.

3. Den Backofen auf 180 °C (160 °C Umluft) vorheizen. Salzwasser in einem großen Topf zum Kochen bringen und den Spinat einige Minuten blanchieren. Mit einer Schaumkelle herausnehmen und das überschüssige Wasser gründlich ausdrücken (Kochwasser nicht abgießen).

4. In das Spinatwasser erst das Olivenöl und dann die Lasagneblätter geben und al dente garen. Abgießen, abschrecken und beiseitestellen.

5. Für die Béchamelsoße die Butter in einem Topf schmelzen und das Mehl mit einem Schneebesen einrühren. Mit der Hälfte der Sojamilch unter ständigem Rühren zu einer cremigen Soße einkochen. Mit Salz und Pfeffer würzen und Muskatnuss, Senf, Essig und die restliche Sojamilch dazugeben. So lange kochen, bis die Soße schön glatt und geschmeidig ist. Falls nötig, mit etwas Milch oder Wasser verflüssigen. Nach Belieben abschmecken.

WEITER »

Zutaten

Für die Béchamelsoße

30 g vegane Butter

4 EL Mehl

300 ml Sojamilch

1 TL frisch geriebene Muskatnuss

1 TL Dijonsenf

1 TL Apfelessig

Zubereitung

6. Eine 19 cm lange Ofenform mit dem Spinat belegen, mit Pfeffer und Muskat würzen und mit einem Drittel der Béchamelsoße begießen. Darauf 3 Lasagneblättern schichten, mit der Hälfte der Linsenmischung bedecken, wieder 3 Lasagneblätter und die restlichen Linsen mit nochmals 3 Lasagneblättern einschichten, zum Abschluss die restliche Béchamelsoße darübergießen. Eine großzügige Prise Muskatnuss darüberreiben.

7. Die Lasagne 20 bis 25 Minuten im Ofen auf der mittleren Schiene goldbraun backen. Vor dem Servieren 5 Minuten abkühlen lassen.

INDISCH GEWÜRZTE
TACOS
mit Mango-Salsa

Wenn ich für mein restliches Leben nur noch ein einziges mexikanisches Gericht bestellen dürfte, wären es Tacos. Am liebsten mag ich die weichen Tortillas aus Weizenmehl, obwohl es beim Essen ziemlich schnell chaotisch werden kann. Hier habe ich mich für ein Rezept für eine indisch gewürzte Füllung entschieden, die Sie richtig in Schwung bringen wird. Vergessen Sie Chilipulver, hier kommt Garam Masala! Diese Gewürzmischung verbindet perfekt rauchiges Aroma mit einem Hauch von Süße. Und keine Befürchtungen wegen der Sour Cream: Ich habe sie durch eine Soße aus Cashewkernen ersetzt, die Ihnen den Kopf verdrehen wird!

ZUTATEN

12 kleine Weizentortillas

Für die Sour Cream
130 g Cashewkerne
Saft von ½ Zitrone
1 TL Apfelessig
Salz und frisch gemahlener
schwarzer Pfeffer

Für die Salsa
200 g Kirsch- oder Datteltomaten,
geviertelt
½ Mango, fein gewürfelt
½ rote Zwiebel, fein gewürfelt
1 Avocado, fein gewürfelt
50 g Zuckermais
1 rote Chilischote, entkernt und
fein gehackt
Saft von 1 Limette (plus
Extramenge zum Anrichten)
1 kleiner Bund Koriander, gehackt

ZUBEREITUNG

1. Für die Sour Cream die Cashewkerne über Nacht in Wasser einweichen.

2. Am nächsten Tag abgießen, spülen und zusammen mit 100 ml Wasser, dem Zitronensaft, dem Essig, ½ Teelöffel Salz und einer Prise frisch gemahlenem schwarzen Pfeffer im Mixer glatt pürieren, die Masse dabei mit einem Teigspatel immer wieder vom Rand schaben. Bis die gewünschte Konsistenz erreicht ist, dauert es etwa 10 bis 15 Minuten. Abgedeckt im Kühlschrank aufbewahren.

3. Für die Salsa die Tomaten salzen und in einer Schüssel mit allen Zutaten vermischen, die Hälfte des Korianders zuletzt untermischen. Den restlichen Koriander zum Garnieren aufheben. Mit Salz und Pfeffer würzen und abgedeckt beiseitestellen.

4. Den Backofen auf 200 °C (180 °C Umluft) vorheizen. Für die Kichererbsen das Olivenöl und den Agavendicksaft mit allen Gewürzen, 1 Teelöffel Salz und ¼ Teelöffel schwarzem Pfeffer zu einer Paste verrühren. Kichererbsen abgießen und spülen. In der Gewürzpaste wälzen, gut bedecken und in einen Bräter geben. Im Ofen 20 bis 30 Minuten auf der mittleren Schiene knusprig backen. Herausnehmen und mit Salz abschmecken, mit Alufolie abdecken und im ausgeschalteten Backofen warm halten.

WEITER »

Zutaten

Für die Kichererbsen

3 EL Olivenöl

¼ TL Agavendicksaft

1 gehäufter TL Garam Masala

1 TL Kreuzkümmelpulver

¼ TL Paprikapulver

¼ TL Zimtpulver

Samen aus 2 Kardamomkapseln

800 g Kichererbsen (aus der Dose)

Zubereitung

5. Eine geriffelte Grillpfanne vorheizen und jede Tortilla ohne Fett 10 Sekunden beidseitig darin erwärmen. Auf einen warmen Teller geben und entweder mit einem sauberen Geschirrtuch oder mit Alufolie abdecken, bis die restlichen Tortillas fertig sind.

6. Jede Tortilla mit einem kleinen Löffel Cashew-Sour-Cream, etwas von den Kichererbsen, Salsa, Koriander und etwas Limettensaft füllen und zusammengefaltet servieren.

Sommerlicher GEMÜSESALAT

für 2 bis 3 Personen

Für diesen Sommersalat braucht niemand lange am heißen Herd schwitzen (Puh! Glück gehabt!). Das perfekte Alltagsgericht, das sich am besten auf dem Balkon oder der Terrasse genießen lässt. Reichhaltig wie er ist, kommt er ganz ohne Beilagen aus, aber wer ihn noch etwas reichhaltiger will, kann Quinoa dazu servieren. Außerdem ist er wie gemacht für ein sommerliches Picknick; dazu ganz einfach ein paar Scheiben knuspriges Brot reichen. Für mich spielen die frischen, einfachen Aromen die Hauptrolle. Der „gegrillte" Mais gibt dem Ganzen lediglich das nötige Grill-Flair. Da es hier vor allem um die Kombination geht, erfordert das Rezept keine großen Kochkünste – aber das Ergebnis ist beeindruckend. Also genau mein Ding! Falls Sie in größeren Dimensionen denken, dann verdoppeln Sie einfach die Menge und servieren alles in einer großen Schüssel, sodass bei einer kleinen Sommerparty alle einfach reinhauen können. Wo ist mein Glas Sangria?

ZUTATEN

1 Maiskolben
1 EL Olivenöl
2 große Karotten, geraspelt
1 rote Paprika, entkernt und grob geschnitten
4 getrocknete Tomaten in Öl (aus dem Glas), abgegossen
1 Stange Staudensellerie, grob geschnitten
1 kleine rote Zwiebel, fein gewürfelt
1 Avocado, grob gehackt
Saft von 1 Zitrone oder Limette
30 g Basilikumblätter, grob gezupft

Für das Dressing
Saft von ½ Zitrone
2 EL extra-natives Olivenöl
Salz, schwarzer Pfeffer

ZUBEREITUNG

1. Eine geriffelte Grillpfanne vorwärmen. Den Maiskolben mit Olivenöl bepinseln und 15 Minuten in der Grillpfanne unter gelegentlichem Wenden sehr braun braten. Dabei ab und zu wenden. Aus der Pfanne nehmen und die Maiskörner mit einem scharfen Messer vorsichtig vom Kolben schneiden.

2. Karotten, Paprika, getrocknete Tomaten, Sellerie, rote Zwiebeln und Avocado in einer großen Schüssel mit den gegrillten Maiskörnern vermischen. Mit etwas Zitronen- oder Limettensaft beträufeln.

3. Für das Dressing Zitronensaft, extra-natives Olivenöl, Salz und Pfeffer verquirlen und über den Gemüsesalat gießen. Zuletzt das Basilikum untermischen und servieren.

ROTE-BETE-, ZITRUS-
und Fenchel-
SALAT

für 2 bis 4 Personen

Rote Beten stecken einfach voller Geschmack. Mit ihrer unglaublich dichten, reichhaltigen Konsistenz sind sie eine hervorragende Grundlage für Salate. Ich verwende hier etwas Zucker, um die Süße der Zitrusfrüchte zu betonen und die säuerliche Note auszugleichen, weil sie sich ansonsten etwas mit dem Fenchel beißen könnte. Sie können den Zucker aber gerne weglassen, wenn Ihnen das lieber ist. Wie die Rote Bete leidet auch der Fenchel darunter, dass manche oft einfach nicht richtig wissen, welche leckeren Dinge man daraus zaubern kann. Daher will dieses Rezept als Vorkämpfer für die vielen tollen Gemüsesorten verstanden werden, die bei unseren alltäglichen Essgewohnheiten vielleicht übersehen werden könnten …

Zutaten

Saft und Fruchtfleisch von
1 Bio-Orange, in Spalten
Saft und Fruchtfleisch von
1 Bio-Grapefruit, in Spalten
Saft und Fruchtfleisch von
1 Bio-Limette, in Spalten
½ Fenchelknolle, in sehr dünne
Streifen geschnitten oder geraspelt
1 EL Agavendicksaft
15 g Minze, grob gehackt
4 kleine Rote Beten (vorgegart und
vakuumiert), in Scheiben
1 EL fein gehackte glatte Petersilie
Salz und frisch gemahlener
schwarzer Pfeffer

Zubereitung

1. Die Spalten der Zitrusfrüchte mit dem geraspelten Fenchel in eine große Schüssel geben. Den Zitrussaft in einem Glas mit dem Agavendicksaft zu einem leichten Dressing verrühren. Den größten Teil über die Fruchtspalten und den Fenchel gießen und den Rest für später aufheben. Die Hälfte der Minze untermischen und alles beiseitestellen.

2. Die Roten Beten in eine flache Schale schichten. Mit etwas Salz und Pfeffer und der gehackten Petersilie bestreuen.

3. Zitrusfrüchte und Fenchel über den Roten Beten verteilen. Das restliche Dressing darübergießen und mit der zurückbehaltenen Minze garnieren.

PIKANTER BULGUR-
Wassermelonen-
SALAT

für 2 bis 4 Personen

Bulgur kann manchmal durchaus fad schmecken. In diesem Salat jedoch lockt man seinen wunderbar nussigen Geschmack hervor und schon sind alle Vorurteile dahin. Obwohl Wassermelone auf den ersten Blick unpassend für ein herzhaftes Gericht zu sein scheint (Gegner von pikantem Obst jetzt bitte nicht weiterblättern!), passt sie hier richtig gut. Sie stellt einen fantastischen Ausgleich zum säuerlich-scharfen Limetten-Dressing und den knackfrischen Radieschen und Frühlingszwiebeln dar. Zur passenden Jahreszeit werden Sie dieses Rezept immer wieder aus dem Ärmel ziehen. Warten Sie es nur ab!

ZUTATEN

250 g Bulgur
geriebene Schale and Saft von
1 Bio-Limette
30 ml extra-natives Olivenöl
1 TL Agavendicksaft
1 EL Apfelessig
Salz
6–8 Radieschen, dünne Scheiben
2 Frühlingszwiebeln, dünne Ringe
1 Stange Staudensellerie, dünne
Scheiben
½ Wassermelone, entkernt und in
mundgerechten Stücken
30 g Kürbiskerne, geröstet
15 g Minzblätter, gehackt

ZUBEREITUNG

1. Bulgur zusammen mit der geriebenen Limettenschale in einer Schüssel mit 250 ml kochendem Wasser übergießen und abgedeckt 10 Minuten quellen lassen, bis die Flüssigkeit vollständig aufgesogen ist. Anschließend mit einer Gabel auflockern. Beiseitestellen.

2. Für das Dressing Limettensaft, Olivenöl, Agavendicksaft, Apfelessig und 1 Prise Salz zu einer homogenen Flüssigkeit verquirlen. Beiseitestellen.

3. Radieschen, Frühlingszwiebeln und Sellerie unter den Bulgur rühren, das Dressing darübergießen und gut durchmischen. Die Melonenstücke, die gerösteten Kürbiskerne und zuletzt die Minze unterheben. Abschmecken und sofort servieren. Wer möchte, der kann den Salat mit einer großen Handvoll Rettichsprossen garnieren.

Süßkartoffel-Spinat-SUSHI

für 2 bis 4 Personen

Bei Sushi denken Sie automatisch an Fisch? Eine völlig natürliche Assoziation. Dabei bedeutet der Name wörtlich nur „sauer schmeckend". Der Sushi-Essig ist deshalb unverzichtbar. Falls Sie keinen zur Hand haben, verwenden Sie einfach die Apfelessig-Zucker-Mischung, die ich hier als Alternative vorschlage. Die Füllung mutet zwar eher westlich an, aber unterschiedliche Länderküchen zu kombinieren und zu adaptieren, ist heutzutage gang und gäbe. Daher geniere ich mich auch kein bisschen, diese Variante meinen Freunden bei unseren Sushi-Abenden zu servieren. Für das Rezept benötigen Sie eine Rollmatte.

ZUTATEN

225 g Sushireis
1 kleine Süßkartoffel, mit Schale, längs in 4–5 Stangen und dann in große Würfel geschnitten
Soja- oder Tamarisoße zum Würzen
Sesamöl zum Würzen
2 EL Sushi-Essig
(oder 3 EL Apfelessig gemischt mit 1 TL Zucker)
3 Noriblätter
3 EL süße Chilisoße zum Dippen
1 TL Zitronensaft
75 g Babyspinat, verlesen und entstielt
1 Avocado, geschält und in lange Streifen geschnitten
100 g Sesamkörner, geröstet

ZUBEREITUNG

1. Den Backofen auf 200 °C (180 °C Umluft) vorheizen. Reis spülen und in einem Topf mit Wasser 30 Minuten einweichen.

2. Die Süßkartoffel auf einem Backblech ausbreiten. Mit etwas Sojasoße und Sesamöl würzen und 20 Minuten im Ofen auf der mittleren Schiene knusprig backen. Dabei das Backblech ab und zu bewegen. Herausnehmen und zum Abkühlen beiseitestellen.

3. Reis mit dem Wasser nach Packungsanleitung kochen. Fertigen Reis zum Abkühlen auf ein Backblech streichen. Den Sushi-Essig (oder die Apfelessig-Mischung) über den kalten Reis gießen und gründlich vermengen.

4. Ein Noriblatt auf die Rollmatte legen. Ein Drittel der Reismischung auf dem Noriblatt verstreichen, dabei oben einen Rand von etwa 1 cm frei lassen. Mit 1 Esslöffel süßer Chilisoße beträufeln und mit dem Löffelrücken verstreichen.

5. Das untere Drittel des Noriblattes mit etwas Spinat belegen, an den Seiten etwas überstehen lassen. Darauf erst Süßkartoffeln, dann Avocado schichten. Das gefüllte Noriblatt mithilfe der Matte fest zusammenrollen, herausquellende Füllung dabei immer wieder in die Rolle zurückdrücken. Fertige Sushirolle mit der Öffnung nach unten auf ein Holzschneidebrett legen.

WEITER »

Zutaten

Zubereitung

Zum Servieren
süße Chilisoße zum Dippen
Sojasoße
Wasabi

6. Für Inside-out-Rollen eine Frischhaltefolie auf die Rollmatte legen und mit der Chilisoße beginnen, das Noriblatt darauflegen und mit Reis bedecken. Fest andrücken und die Sushirolle wie beschrieben füllen und drehen. Zum Abschluss in einem großen Teller voll gerösteter Sesamkörner wenden.

7. Zum Zerschneiden der Rollen ein großes Glas mit Wasser füllen und ein scharfes Messer darin anfeuchten. Jede Rolle in 8 Scheiben von doppelter Fingerdicke schneiden. Das Messer nach jedem Schnitt neu befeuchten. Das Sushi mit süßer Chilisoße, Sojasoße und Wasabi servieren.

Erdbeer-
MARGARITA

für 2 Personen

Margaritas bedeuten für mich einfach Sommer. Lange, heiße Tage mit einem eiskalten Drink in der Hand – etwas Besseres gibt es nicht. Vor allem wenn diese Getränke Tequila enthalten! Dieser einfache Erdbeer-Margarita zieht einem fast die Schuhe aus und ist gleichzeitig herrlich erfrischend. Vielleicht ist es ja gar nicht so schlecht, dass ich die Mengen für einen ganzen Krug angegeben habe, oder?

ZUTATEN

8 Erdbeeren, entstielt
3–4 Eiswürfel
60 ml Tequila
30 ml Cointreau oder Triple Sec
Saft von 2 Limetten
1 EL Agavendicksaft oder Zuckersirup

Zum Garnieren
1 TL Meersalz
1 TL Zucker
geriebene Schale und Saft von
1 Bio-Limette
2 Bio-Limettenscheiben

ZUBEREITUNG

1. Die Erdbeeren in einem hohen Gefäß mit dem Stabmixer fein pürieren. Püree zum Entfernen der Kerne durch ein Sieb streichen.

2. Eiswürfel in einen Cocktailshaker geben, Tequila, Cointreau, Limettensaft, Agavendicksaft oder Zuckersirup und das Erdbeerpüree hinzufügen. Kräftig schütteln, bis der Shaker außen von der Kälte beschlägt.

3. Salz, Zucker und geriebene Limettenschale in einer kleinen Schüssel gut miteinander vermischen. Die Mischung auf einen Teller geben. Den Limettensaft in eine zweite Schüssel gießen. Den Rand eines Cocktailglases zuerst in den Limettensaft tauchen, dann in die Salz-Zucker-Limetten-Mischung drücken und so lange drehen, bis er gut bedeckt ist.

4. Glas wieder umdrehen und vorsichtig die Margarita einschenken, ohne den Rand zu berühren. Mit einer Limettenscheibe dekoriert servieren.

Kirsch-Ingwer-FIZZ

für 2 Personen

Meine Liebe für Cocktails kennt wirklich keine Grenzen. Ob Rum, Gin oder Wodka, ich habe im Laufe der Jahre unzählige Mixturen ersonnen und variiert. Dabei habe ich alle möglichen und unmöglichen Zutaten und die verschiedensten Mixer ausprobiert. Aber kaum etwas schenkt einem so eine süße Befriedigung wie ein Bourbon – besonders, wenn er mit Ginger Ale gemixt wird. Genau diese klassische Kombination ist die Grundlage für dieses Rezept – gerade so weit abgewandelt, dass sie interessant bleibt. Und auch wenn die Kirsche ein bisschen mädchenhaft wirkt, bis jetzt hat sie noch kein Mann verschmäht.

ZUTATEN

60 ml Bourbon
30 ml Kirschlikör
80 ml Granatapfelsaft
Saft von ½ Limette
4 Eiswürfel
75 ml Ginger Ale

2 kandierte Kirschen zum Garnieren

ZUBEREITUNG

1. Alle Zutaten bis auf das Ginger Ale und die kandierten Kirschen in einen Cocktailshaker geben und etwa 1 Minute lang gründlich schütteln, bis sie gut miteinander vermischt sind.

2. In 2 gekühlte Cocktailgläser füllen, mit Ginger Ale aufgießen und jedes Glas mit einer Kirsche verzieren.

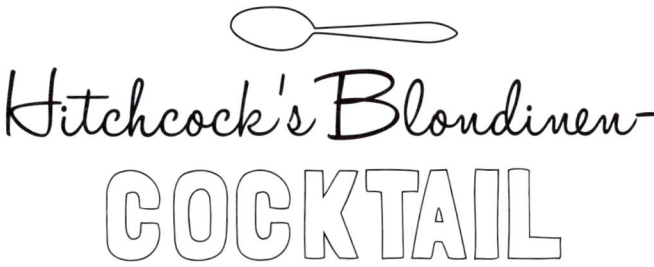

Hitchcock's Blondinen-COCKTAIL

für 1 Person

Als riesiger Hitchcock-Fan sehe ich mich gerne als eine seiner Gin schlürfenden Blondinen, die aus jeder ihrer schönen Leinwandporen Kultiviertheit ausstrahlt. Und das, obwohl ich weder blond noch ansatzweise so betörend bin. Trotzdem hilft mir dieser Cocktail dabei, mich wie ein Hollywood-Filmstar aus früheren Zeiten zu fühlen. Selbst wenn es nur für die Zeit ist, die ich zum Trinken brauche – um mir dann sofort einen neuen zu mixen … ähm.

ZUTATEN

2–3 Eiswürfel
40 ml Gin
15 ml Grenadine
Saft von ½ Zitrone
3 EL frisch gepresster Grapefruitsaft

Bio-Grapefruitspalten
zum Anrichten

ZUBEREITUNG

1. Cocktailglas mindestens 30 Minuten lang ins Gefrierfach legen.

2. Eiswürfel in einen Cocktailshaker geben. Gin, Grenadine, Zitronen- und Grapefruitsaft dazugießen. Kräftig schütteln, bis die Eiswürfel angetaut sind und nicht mehr klappern.

3. Grapefruitspalten in das gekühlte Glas geben und den Cocktail darübergießen.

Beilagen & SOSSEN

OHNE KNETEN:
Karotten-Zucchini-
KRUSTENBROT

ergibt einen Laib von 500 g

Bei der Vorstellung, ein Brot zu backen, schlottern oft selbst dem souveränsten Koch die Knie. Der Gedanke an aufgehende Hefe, das Kneten, das Gehenlassen (und nicht zu vergessen die lange Wartezeit) reicht meistens aus, um schnurstracks in den Supermarkt zu rennen und einen frischen Laib Weißbrot aus dem Regal zu holen. Zum Glück werden nicht alle Brote so aufwendig gebacken, manche machen sogar weniger Mühe, als ein fertiges Brot in der Bäckerei auszuwählen. Dieses knetfreie Krustenbrot mit Karotte und Zucchini gehört dazu, man verrührt lediglich alle Zutaten in einer Schüssel. Dann braucht man nur noch 30 Minuten Geduld, bis das Brot gebacken ist. So verwandelt sich der kinderleichte Teig in ein unvorstellbar leckeres Krustenbrot!

ZUTATEN

200 g Weizenmehl (plus Extramenge zum Bestäuben)
100 g Vollkornweizenmehl
1 TL Backpulver
¾ TL Natron
1 Prise Zucker
1 TL getrockneter Thymian (plus
Extramenge zum Bestreuen)
1 Karotte, geraspelt
1 Zucchini, geraspelt
Salz, schwarzer Pfeffer
175 ml Planzenmilch (z.B. Soja-,
Mandel- oder Hafermilch)
50 g Walnüsse, grob gehackt
2 EL gemischte Kerne (plus Extramenge zum Bestreuen)
Hummus zum Anrichten (optional)

ZUBEREITUNG

1. Den Backofen auf 200 °C (keine Umluft) vorheizen.

2. Die trockenen Zutaten und ½ Teelöffel Salz in einer großen Schüssel mischen. Beiseitestellen. Geraspelte Karotte und Zucchini in ein sauberes Geschirrtuch einschlagen und die überschüssige Flüssigkeit herauspressen. Mit etwas schwarzem Pfeffer würzen und zu den restlichen Zutaten rühren.

3. In die Mitte der Mischung eine Mulde drücken und die Pflanzenmilch hineingießen. Mit einem Teigschaber vorsichtig unterheben, ohne den Teig zu stark zu bearbeiten. Zuletzt die Walnüsse und die Kerne untermischen.

4. Arbeitsfläche und ein Backblech mit etwas Mehl bestäuben. Den Teig auf die Arbeitsfläche geben und zu einem unregelmäßigen Laib mit etwa 30 cm Durchmesser formen.

5. Den Laib auf das Backblech legen und die Oberseite mit einem scharfen, bemehlten Messer einschneiden. Mit Salz, Thymian und Kernen bestreuen.

6. Das Brot mit etwas Mehl bestäubt etwa 30 Minuten im Ofen auf der unteren Schiene backen, bis es hohl klingt, wenn man auf den Boden klopft. Auf einem Kuchengitter kurz abkühlen lassen, in Scheiben schneiden oder in Stücke reißen und noch warm servieren. Nach Belieben mit Hummus bestreichen.

Zum Zerreißen: Antipasti-FOCCACIA

für 4 bis 6 Personen

Ein selbst gebackener Brotlaib ist immer etwas Besonderes. Und nichts heißt Gäste herzlicher willkommen als ein frisches geteiltes Foccaciabrot. Vergessen Sie umständliche Häppchen und alle anderen aufwendigen Entrees. Stecken Sie Ihre Energie lieber in einen einzigen großen Laib von diesem mit Antipasti gespickten Brot. Damit halten Sie Ihre Gäste mehr als nur bei Laune, bis der Hauptgang kommt. Dieses Essen ist zwanglos, interaktiv und – was das Wichtigste ist – es schmeckt einfach fantastisch. So wird niemand überhaupt bemerken, dass es eigentlich gar keine Vorspeise gibt.

ZUTATEN

340 g Weizenmehl, Type 1050
(plus Extramenge zum Bestäuben)
1 TL Salz
1 EL Zucker
7 g Trockenbackhefe
4–5 EL Olivenöl (plus Extramenge
zum Einfetten)

Für den Belag
200 g gemischte Antipasti (wie
sonnengetrocknete Tomaten,
Oliven, gegrillte Auberginen, eingelegte Artischocken und Pilze)
30 g frische Zweige Thymian,
Blätter abgezupft
Meersalz

extra-natives Olivenöl
zum Beträufeln

ZUBEREITUNG

1. Mehl, Salz, Zucker und Hefe in einer großen Schüssel vermischen. 150 ml lauwarmes Wasser mit dem Olivenöl verrühren. In die Mitte der Mehlmischung eine Mulde drücken und etwas von der Wasser-Öl-Mischung hineingießen. Mit den Händen oder dem Knethacken der Küchenmaschine zu einem geschmeidigen Teig verkneten. Falls nötig, Wasser bzw. Mehl hinzufügen.

2. Den Teig zu einer Kugel formen, mit etwas Olivenöl bestreichen und mit einem sauberen, feuchten Tuch abgedeckt 1½ Stunden an einem warmen Ort gehen lassen, bis sich das Volumen ungefähr verdoppelt hat.

3. Den Backofen auf 190 °C (keine Umluft) vorheizen. Eine 38 cm lange Backform oder ein Backblech einfetten.

4. Den Teig in die Backform bzw. auf dem Backblech ausrollen. Mit dem Tuch bedecken und noch einmal 10 bis 15 Minuten gehen lassen.

5. Mit den Fingern kleine Mulden in den Teig drücken, die Antipasti darauf verteilen und leicht festdrücken. Das Brot mit Thymianblättern und Meersalz bestreuen und großzügig mit extra-nativem Olivenöl beträufeln. Anschließend 25 bis 30 Minuten im Ofen auf der unteren Schiene goldbraun backen, bis es hohl klingt, wenn man auf den Boden klopft. Auf einem Kuchengitter kurz abkühlen lassen und noch warm servieren. Das Brot bleibt ein bis zwei Tage frisch.

Mit Pekannüssen überbackener
SÜSSKARTOFFEL-AUFLAUF

für 6 bis 8 Personen

Während meiner Zeit in den Vereinigten Staaten habe ich das traditionelle Thanksgiving-Dinner lieben gelernt. Dieser Auflauf hat es mir besonders angetan und kommt bei mir seitdem immer wieder auf den Tisch. Normalerweise werden die Süßkartoffeln mit Marshmallows überbacken, doch obwohl es mittlerweile fantastische vegane Marshmallows zu kaufen gibt, ist das Gericht damit selbst mir viel zu süß. Die Pekannüsse machen ihn schön knusprig und der Ahornsirup passt perfekt zur Süßkartoffel. Falls Sie zu den Skeptikern gehören, können Sie Ihre Vorbehalte gegen die Kombination von Süß und Pikant hoffentlich ablegen – und diese teuflisch üppige, herzhafte Beilage in vollen Zügen genießen!

ZUTATEN

2 große Süßkartoffeln
1 EL Olivenöl
Salz und frisch gemahlener
schwarzer Pfeffer
30 ml Sojamilch (oder andere
Pflanzenmilch)
30 g vegane Butter
einige Tropfen Vanillearoma
¼ TL Zimtpulver
¼ TL frisch geriebene Muskatnuss

Zum Überbacken
30 g Pekannüsse, gehackt
30 g Ahornsirup
1 EL Weizenmehl
30 g vegane Butter

ZUBEREITUNG

1. Den Backofen auf 200 °C (180 °C Umluft) vorheizen.

2. Süßkartoffeln ringsum mit einer Gabel einstechen. Mit Olivenöl, Salz und Pfeffer einreiben, direkt auf das Backgitter legen und mindestens 1 Stunde backen, bis die Schale weich ist. Aus dem Ofen nehmen und zum Abkühlen beiseitestellen. Ofentemperatur auf 180 °C (160 °C Umluft) zurückschalten.

3. Süßkartoffeln halbieren, aushöhlen und das Fruchtfleisch in einer mittelgroßen Rührschüssel mit Salz und Pfeffer verrühren. Sojamilch, vegane Butter, Vanillearoma, Zimt und Muskat hinzufügen und grob zerstampfen. Nach Belieben etwas stückig lassen.

4. Zum Überbacken alle Zutaten in einer anderen Schüssel vermengen, dabei die Hälfte der Butter zurückbehalten.

5. Das Süßkartoffelpüree in eine 18 cm lange Auflaufform geben und gleichmäßig verteilen. Die Pekannuss-Mischung darüberstreuen und dazwischen die restliche Butter in Flocken verteilen. Den Süßkartoffel-Auflauf 30 bis 40 Minuten auf der mittleren Schiene backen und heiß servieren.

PISTAZIEN-PETERSILIE-
Walnuss-
PESTO

ergibt etwa 250 g

Glauben Sie, ein echtes Pesto kommt nicht ohne Parmesan aus? Dann werde ich Sie vom Gegenteil überzeu-
gen, denn der Käse muss kein Hauptbestandteil der bekannten italienischen Pastasoße sein. Das Rösten der
Nüsse bringt ihren aromatischen Geschmack und ihren Biss optimal zur Geltung, die Petersilie ist eine nette
Abwechslung zum üblichen Basilikum und ist doch nicht zu dominant. Und das Beste daran: Es ist in wenigen
Minuten zusammengemixt. Außerdem ist es unglaublich vielseitig. Sie können damit Nudeln, Kartoffeln und
Bohnen verfeinern oder es als Aufstrich für Sandwiches verwenden.

ZUTATEN

100 g Pistazien
50 g Walnüsse
150 g frische glatte Petersilie
Saft von 1 Zitrone
3 Knoblauchzehen
1 großzügige Prise frisch geriebene
Muskatnuss
200 ml extra-natives Olivenöl
1 TL Meersalz (plus Extramenge zum
Abschmecken)
frisch gemahlener schwarzer Pfeffer

ZUBEREITUNG

1. Eine kleine Pfanne mit schwerem Boden erhitzen und darin die Pistazien
einige Minuten bei schwacher Hitze ohne Fett leicht rösten. Die Pfanne dabei häufig rütteln. Geröstete Pistazien etwas abkühlen lassen. Ebenso die
Walnüsse rösten und beiseitestellen.

2. Die Pistazien im Mixer fein hacken. Erst dann die gerösteten Walnüsse
dazugeben und ebenfalls zerkleinern. Petersilie, Zitronensaft, Knoblauch,
Muskat, die Hälfte des Olivenöls und das Meersalz hinzufügen und alles zu
einer dicken Paste pürieren, die Masse dabei mit einem Teigspatel immer
wieder vom Rand schaben. Mit schwarzem Pfeffer und Salz abschmecken.

3. Den Rest des Olivenöls dazugießen und so lange pürieren, bis eine grobes
Pesto entsteht. In ein gut verschließbares Glas abfüllen. Es hält sich im Kühlschrank bis zu einer Woche.

In Pesto grösteter
BROKKOLI

für 2 bis 4 Personen

Für dieses Gericht können Sie mein Pistazien-Petersilie-Walnuss-Pesto (siehe Seite 119) ausprobieren. Falls es mal schneller gehen muss, können Sie aber auch auf ein Fertigprodukt ausweichen, im gut sortierten Supermarkt finden Sie mittlerweile eine große Auswahl an veganem Pesto. Das macht einem das Leben deutlich leichter und blitzschnell haben Sie eine beeindruckende Beilage gezaubert. Nährhefeflocken bekommen Sie in Reformhäusern und Bioläden. Sie geben dem fertigen Gericht eine ganz besondere Note und Ihnen die nötige (und leckere) Dosis Vitamin B12. Streuen Sie die Flocken also ruhig großzügig darüber. Wir Veganer müssen auf unsere B12-Zufuhr achten, weil dieses Vitamin in pflanzlicher Kost nur wenig enthalten ist. Daher sollte es durch andere Lebensmittel zugeführt werden, denn es ist wichtig für die Gesundheit Ihres Gehirns und Ihres Nervensystems. Deshalb bestreue ich fast alles mit Hefeflocken. Man kann schließlich nie vorsichtig genug sein, oder?

ZUTATEN

1 gehäufter EL veganes Pesto
Saft von ½ Zitrone
2 EL Olivenöl
1 großer Kopf Brokkoli (ca. 500 g),
in mittelgroße Röschen
geteilt
Salz und frisch gemahlener
schwarzer Pfeffer
Nährhefeflocken oder geröstete
Pinienkerne zum Anrichten

ZUBEREITUNG

1. Den Backofen auf 180 °C (160 °C Umluft) vorheizen.

2. In einem Glas Pesto, Zitronensaft und Olivenöl verquirlen. Die Brokkoliröschen in einen Bräter geben. Leicht mit Salz und Pfeffer würzen und mit dem Pesto-Dressing vermischen. 20 bis 25 Minuten im Ofen auf der mittleren Schiene weich garen. Den Bräter dabei ab und zu rütteln.

3. Mit Nährhefeflocken oder gerösteten Pinienkernen bestreuen und heiß servieren.

Salz- und Pfeffer-
TOFU-STÄBCHEN

für 2 bis 4 Personen

Sie bezweifeln, dass Sie bei sich zu Hause einen Tofu wie vom Asia-Imbiss hinbekommen? Dieses Rezept ist das ultimative Mittel, um die Lust auf knusprig gebratene Sojabohne zu befriedigen. Bei mir kommt es oft zu wahren Heißhungerattacken. Es hat eine Weile gedauert, bis ich herausgefunden habe, wie der Tofu wunderbar knusprig wird. Aber sobald ich entdeckt hatte, dass man ihn dazu nur gut auspressen und vor dem Ausbacken mit Maismehl bestäuben muss, gab es kein Halten mehr. Für einen intensiven Geschmack nach Salz und Pfeffer wälze ich die Stäbchen vorher noch gerne darin. Auf Spieße gesteckt sind diese Tofu-Stäbchen auch tolles Fingerfood für Partys.

Zutaten

400 g fester Tofu
1 EL Meersalz
1 EL schwarze Pfefferkörner
4–5 EL Maismehl
Sonnenblumenöl zum Braten
süße Chili- oder würzige
Sataysoße zum Servieren

Zubereitung

1. Den Tofu auf einem flachen Teller mit einem Küchenbrett bedecken und dieses beschweren (z. B. mit großen Dosen oder Getränkekartons). Auf diese Weise den Tofu etwa 15 Minuten auspressen. Die restliche Flüssigkeit anschließend mit der Hand ausdrücken. Tofu der Länge nach halbieren und jede Hälfte nochmals vierteln, sodass 8 gleich große Stäbchen entstehen.

2. Meersalz und Pfeffer in einem Mörser zerstoßen und auf einen Teller geben. Jedes Tofu-Stäbchen in der Salz-Pfeffer-Mischung wenden.

3. Maismehl leicht mit Salz und Pfeffer würzen, auf einen zweiten Teller geben und die Tofu-Stäbchen anschließend darin wälzen.

4. Öl etwa 1 cm hoch in eine kleine, schwere Pfanne geben und bei mittlerer Hitze heiß werden lassen. Die Tofustücke in kleinen Portionen ausbacken, bis sie auf allen Seiten goldbraun und knusprig sind. Sie bleiben lange warm, die fertigen Stäbchen deshalb einfach auf einen Teller mit Küchenpapier legen und locker mit Alufolie abdecken, während der Rest gebraten wird.

5. Heiß servieren und dazu süße Chili- oder würzige Sataysoße zum Dippen reichen.

Gegrillte
POLENTA-STÄBCHEN

für 4 Personen

Polenta ist eine herrlich vielseitige Zutat. Ich verwende sie sehr oft, sowohl zum Kochen als auch zum Backen. Dieses Rezept ist definitiv mein liebstes. Beim Braten weichen die Stäbchen oft auf und sehen nicht mehr so schön aus. Außerdem ist Grillen viel gesünder, denn man braucht nur einen Hauch von Fett. Meiner Meinung nach schmecken die Stäbchen am besten mit einem Klacks Tomatensoße in zwei Schritten (siehe Seite 138) und etwas kurz gebratenem, mit Muskat gewürztem Spinat. In diesem Fall ist das Einfachste tatsächlich das Beste.

ZUTATEN

1 Gemüsebrühwürfel
160 g Polenta
1 EL Olivenöl
Salz und frisch gemahlener
schwarzer Pfeffer

ZUBEREITUNG

1. Eine Backform für einen 900-g-Laib mit Frischhaltefolie auslegen.

2. 720 ml Wasser sprudelnd zum Kochen bringen und den Brühwürfel darin auflösen. Polenta unter Rühren hinzufügen und etwa 20 Minuten köcheln lassen, bis sie eingedickt ist. Dabei häufig umrühren. In die ausgelegte Backform gießen und gleichmäßig verteilen. Fest mit der Frischhaltefolie umwickeln und über Nacht in den Kühlschrank stellen.

3. Am nächsten Tag den Polenta-Laib auf ein Schneidebrett stürzen, die Folie entfernen und je nach Dicke in 12 gleichgroße Stäbchen schneiden.

4. Eine geriffelte Grillpfanne bei mittlerer Hitze erhitzen. Die Stäbchen mit etwas Olivenöl bepinseln, mit Salz und Pfeffer würzen und portionsweise 7 bis 10 Minuten, auf beiden Seiten goldbraun mit dunklen Streifen braten. Die Polenta-Stäbchen bleiben lange warm, die fertigen Stäbchen deshalb einfach auf einen Teller mit Küchenpapier legen und locker mit Alufolie abdecken, während der Rest gebraten wird. Noch heiß nach Belieben mit Tomatensoße oder Spinat servieren.

Gebratener, mit Paprika gewürzter
ROSENKOHL

für 2 bis 4 Personen

Ich gehöre zum Lager der Rosenkohl-Fans, daher esse ich ihn den ganzen Winter über in vielen verschiedenen Variationen. Gebacken, gekocht, gedämpft oder sogar roh – ich habe alles Mögliche ausprobiert. Aber ich komme immer wieder auf diese in der Pfanne gebratene Version zurück. Sie strotzt nur so vor Aroma und ist sehr leicht zuzubereiten. Probieren Sie sie doch auch einmal als Topping für Currys, als Füllung für Quesadillas oder als Hauptgericht mit Reis als Beilage. Auch wenn Sie fest davon überzeugt sind, die kleinen Knöllchen zu hassen … Ich lege Ihnen sehr ans Herz, erst diesen in Streifen geschnittenen Brat-Rosenkohl zu probieren, bevor Sie sich endgültig festlegen.

ZUTATEN

2–3 EL Olivenöl

2 Schalotten, in dünne Ringe geschnitten

2 Knoblauchzehen, in dünne Scheiben geschnitten

200 g Rosenkohl, in dünne Streifen geschnitten

1 gehäufter TL Kreuzkümmelpulver

1 gehäufter TL geräuchertes Paprikapulver

30 g frische glatte Petersilie, grob gehackt

Salz und frisch gemahlener schwarzer Pfeffer

1 EL Sesamkörner, geröstet

ZUBEREITUNG

1. In einer mittelgroßen Pfanne mit schwerem Boden 2 Esslöffel Olivenöl erhitzen, die Schalotten dazugeben, würzen und ein paar Minuten leicht anschwitzen. Den Knoblauch hinzufügen und 1 bis 2 Minuten mitbraten, aber nicht braun werden lassen.

2. Den Rosenkohl in die Pfanne geben und einige Minuten anbraten. Falls nötig, etwas Olivenöl hinzufügen. Kreuzkümmel und geräuchertes Paprikapulver dazugeben und 5 Minuten braten, bis der Rosenkohl gerade weich ist.

3. Petersilie hinzufügen und mit Salz und Pfeffer würzen. Den gebratenen Rosenkohl vor dem Servieren mit den Sesamkörnern bestreuen.

Mit Kreuzkümmel gewürzte
KAROTTEN

für 2 bis 4 Personen

Die Gewürze aus Nahost und Afrika haben meinen Gaumen im Sturm erobert. Zugegeben, dieses hier mag kein wirklich authentisches Rezept sein, aber jeder Bissen schmeckt gleichzeitig so köstlich süß und herzhaft, dass ich am liebsten die ganze Schüssel pur essen würde. Wenn Sie nicht ganz so ungezügelt sind wie ich, servieren Sie es als Beilage, es passt zu allen möglichen Gerichten: duftendem Couscous, Gemüse-Tajine oder einfach Zitronen-reis. Wenn ich es etwas bunter haben möchte, verwende ich alte Karottensorten in Violett und Hellgelb. Wenn Sie eine Mischung aus violetten und andersfarbigen Möhren nehmen, sollten Sie sie im ersten Schritt dieses Rezeptes allerdings separat zubereiten, damit die Farben nicht ausbluten.

ZUTATEN

5 Karotten (nach Belieben violette
und andersfarbige Sorten gemischt),
diagonal in dünne Scheiben
geschnitten
1 EL Olivenöl
10 g vegane Butter
1 gehäufter TL Kreuzkümmelpulver
¼ TL Korianderpulver
1 Prise Zimtpulver
1 TL Agavendicksaft
oder Granatapfelsirup
30 g frische glatte Petersilie, grob
gehackt
Salz und frisch gemahlener
schwarzer Pfeffer

extra-natives Olivenöl
zum Anrichten

ZUBEREITUNG

1. Wasser in einem kleinen Topf zum Kochen bringen (ggf. separate Töpfe für jede Farbe). Karotten hineingeben und leicht köcheln lassen, bis die Karotten gar sind, aber noch etwas Biss haben. Abgießen und beiseitestellen.

2. Das Olivenöl mit der Butter in einem kleinen Topf erhitzen, gegarte Karotten dazugeben und mit Salz und Pfeffer würzen. Gewürze und Agavendick-saft hinzufügen und bei schwacher Hitze kurz anbraten.

3. Die Petersilie bis auf einen Teelöffel unterrühren. Die Karotten mit dem Rest der Petersilie bestreuen und mit etwas extra-nativem Olivenöl beträufelt servieren.

GESCHMORTER
Rotkohl mit
ÄPFELN

Diese klassische britische Festtagsbeilage bereite ich jedes Jahr zur Weihnachtszeit zu. Aber eigentlich gibt es keinen Grund, sie nicht das ganze Jahr über zu genießen. Ganz langsam bei schwacher Hitze gegart, zaubert schon der bloße Geruch ein Lächeln auf mein feiertagsverliebtes Gesicht. Und der Geschmack wird dem Duft absolut gerecht. Allerdings ist der Grat zwischen zartem und verkochtem Rotkohl sehr schmal. Achten Sie daher darauf, die Hitze niedrig zu halten und häufig umzurühren, damit nichts anbrennt. Man kann dieses Gericht bestens vorkochen, am nächsten Tag einfach 10 bis 15 Minuten aufwärmen und heiß zu Ihrer veganen Lieblingshauptspeise servieren. Praktisch, wenn man für mehrere Personen kocht!

ZUTATEN

1 EL Sonnenblumenöl

1 rote Zwiebel, grob gehackt

Salz, schwarzer Pfeffer

1 Rotkohl, in dünnen Streifen

1 EL Rotweinessig

2 Granny-Smith-Äpfel, geschält, entkernt und in mittelgroße Stücke geschnitten

60 g Zucker

¼ TL frisch geriebene Muskatnuss

¼ TL Pimentpulver

1 Sternanis

1 Zimtstange

Granatapfelkerne und gehackte frische, glatte Petersilie zum Anrichten

ZUBEREITUNG

1. Das Öl in einem großen, schweren Topf erhitzen. Zwiebeln hineingeben, mit Salz und Pfeffer würzen und ein paar Minuten weich anschwitzen.

2. Rotkohl hinzufügen, den Essig dazugießen und mit geschlossenem Deckel einige Minuten anbraten. Äpfel, Zucker, Muskat, Piment, Sternanis und Zimtstange dazugeben. Bei geschlossenem Deckel und schwacher Hitze etwa 2 Stunden lang schmoren, bis der Rotkohl sehr weich ist. Dabei gelegentlich umrühren und falls nötig, etwas Wasser hinzufügen.

3. Sternanis und Zimtstange wieder entfernen. Mit Salz und Pfeffer abschmecken und mit Granatapfelkernen und gehackter glatter Petersilie anrichten.

ERBSEN UND SPINAT

mit Estragon

für 2 bis 4 Personen

Aufgrund seiner leichten Anisnote ist Estragon oft nur schwer einzusetzen und hat deshalb einen festen Platz auf der Liste der viel zu wenig verwendeten Kräuter. Wenn er jedoch passt, dann harmoniert er ausgezeichnet (und ich habe eine echte Schwäche für seinen unverwechselbaren, leicht bitter-süßen Geschmack). Diese Beilage ist das perfekte Beispiel für ein Gericht, in dem dieses einmalige Gewürz das absolute Highlight ist. Die Sahne ist nicht unbedingt nötig, testen Sie einfach bei Gelegenheit mal ohne. Wenn ich Gäste habe, entscheide ich mich jedoch meistens für die kalorienreichere Variante, das ist einfach ein bisschen festlicher.

ZUTATEN

1 EL Olivenöl
1 Zwiebel, fein gehackt
1 Knoblauchzehe, fein gehackt
15 g Estragonblätter, fein gehackt
250 g Erbsen (TK)
Salz und frisch gemahlener
schwarzer Pfeffer
1 Gemüsebrühwürfel
200 g Spinat, gewaschen und
verlesen
¼ TL frisch geriebene Muskatnuss
100 ml Soja- oder
Hafersahne (optional)

ZUBEREITUNG

1. Olivenöl in einer großen Pfanne erhitzen und die Zwiebeln darin leicht anschwitzen. Knoblauch, gehackten Estragon und etwas Salz und Pfeffer dazugeben und kurz mitbraten. Dann den Gemüsebrühwürfel hineinkrümeln, die Erbsen hinzufügen und mit so viel Wasser aufgießen, dass das Gemüse gerade bedeckt ist.

2. Wasser zum Köcheln bringen. Wenn die Erbsen aufgetaut sind und die Brühe etwas reduziert ist, den Spinat mit der Muskatnuss hinzufügen und gar ziehen lassen.

3. Nach Belieben die Sojasahne mit etwas schwarzem Pfeffer dazugeben und den Estragon-Erbsen-Spinat sanft erhitzen. Passt als Beilage zu einem veganen Sonntagsessen.

GRÜNE-BOHNEN-SALAT
mit Zitrone, Knoblauch und Chili

für 2 bis 4 Personen

Grüne Bohnen gehören zu meinen absoluten Lieblingen – auf jeden Fall rangieren sie unter den ersten fünf. Ich serviere die langen grünen Schönheiten zu jedem Gericht, das ich koche, von Spaghetti bis hin zu Tofu. Vielleicht liegt es an ihrer unaufdringlichen Art und ihrer verspielten Erscheinung (wer braucht schon eine Gabel, wenn man mit den Fingern essen kann?), dass sie von Kindern und Erwachsenen gleichermaßen gern gegessen werden. Dieses Rezept ist allerdings eher etwas für Erwachsene, schließlich sind Chili, Zitrone und Kapern dabei. Letztere waren übrigens schon immer der einzige Streitpunkt zwischen mir und meiner größten Heldin, der mittlerweile verstorbenen Nora Ephron, die selbst eine begeisterte Esserin war. Nora mag die kleinen Dinger gehasst haben, aber in dieser einen, unbedeutenden Sache kann ich einfach nicht ihrer Meinung sein. Außerdem befürchte ich, dass die Kapern in diesem Fall schmerzlich vermisst werden würden, sollte man sie einfach weglassen. So leid es mir tut, sie müssen bleiben. Sorry, Nora!

ZUTATEN

200 g grüne Bohnen, geputzt
1 EL Olivenöl
4 Frühlingszwiebeln, in dicke Ringe geschnitten
½ bis 1 rote Chilischote, in feine Ringe geschnitten, mit Kernen
2–3 Knoblauchzehen, in dünne Scheiben geschnitten
Salz und frisch gemahlener schwarzer Pfeffer
geriebene Schale und Saft von
½ Bio-Zitrone
1 EL Kapern in Salzlake, abgegossen, gespült und gehackt
1 EL gehackte glatte Petersilie

ZUBEREITUNG

1. Wasser in einem mittelgroßen Topf zum Kochen bringen. Die grünen Bohnen darin kurz blanchieren, abgießen und in Eiswasser abschrecken.

2. Olivenöl in einer kleinen Pfanne erhitzen und darin die Frühlingszwiebeln, Chilischote und Knoblauch 1 bis 2 Minuten leicht anbraten. Mit Salz und Pfeffer würzen, von der Herdplatte nehmen und abkühlen lassen.

3. Die grünen Bohnen der Länge nach in zwei Hälften teilen und in einer großen Schüssel mit Salz und Pfeffer würzen. Zitronensaft und -schale, Kapern, Petersilie und die Frühlingszwiebel-Mischung unterrühren.

Einfacher
KARTOFFELSALAT

für 4 bis 6 Personen

Es muss nicht immer Mayonnaise für den Kartoffelsalat sein. Obwohl es großartige vegane Alternativen für Mayonnaise gibt, bevorzuge ich nach wie vor dieses leichtere, selbst gemachte Dressing. Die Essiggurken und der Sellerie geben einen wunderbar knackigen Biss, und die Kapern gehören einfach trotz möglicher Aversionen dazu, ich stehe jedenfalls voll und ganz hinter dieser Zutat. Also, bye-bye Mayonnaise!

ZUTATEN

12–15 kleine festkochende
Kartoffeln, geschält
2 Frühlingszwiebeln, in feine Ringe
geschnitten
2 Stangen Staudensellerie, in feine
Scheiben geschnitten
3 Essiggurken, abgegossen und fein
gehackt
2 EL Kapern in Salzlake, abgegossen, gespült und fein gehackt
35 g frische glatte Petersilie, fein
gehackt
Salz und frisch gemahlener
schwarzer Pfeffer

Für das Dressing
2 gehäufte TL Dijonsenf
1 EL Apfelessig
Saft von ½ Zitrone
1 TL Agavendicksaft
50 ml Olivenöl

ZUBEREITUNG

1. Kartoffeln in einem großen Topf kochendem Salzwasser etwa 15 Minuten weich garen. Abgießen und zum Abkühlen beiseitestellen. Wenn sie vollkommen kalt sind, jede Kartoffel halbieren, mit Salz und Pfeffer würzen und in eine große Servierschüssel geben.

2. Alle Zutaten für das Dressing mit etwas Salz und Pfeffer in ein Gefäß mit Schraubverschluss geben und kräftig schütteln, bis das Dressing emulgiert. (Alternativ alle Zutaten in einer Schüssel verquirlen.)

3. Frühlingszwiebeln, Sellerie, Essiggurken und Kapern in die Schüssel mit den Kartoffeln geben und das Dressing darübergießen. Mit dem Salatbesteck vorsichtig vermischen. Zuletzt die Petersilie unterrühren. Mit Salz und Pfeffer abschmecken und bis zum Servieren im Kühlschrank aufbewahren.

Kartoffelgratin DAUPHINOISE

Ich versuche, nicht allzu oft zu Sojaprodukten zu greifen. In diesem Fall gehe ich jedoch gerne in die Vollen und verwöhne mich mit einer Mammutportion pflanzlicher Sahne – Diätfreunde bitte wegsehen! Falls Sie gegen Soja allergisch sind (oder es einfach meiden möchten), können Sie die Sojasahne durch Kokoscreme oder Hafersahne ersetzen. Verzichten Sie aber auf keinen Fall auf die frisch geriebene Muskatnuss! Sie gibt diesem bereits äußerst dekadenten Gericht erst das gewisse Etwas. Wer die vegane Ernährung mit Verzicht gleichsetzt, hat mit Sicherheit noch nie diese Beilage probiert.

ZUTATEN

vegane Butter zum Einfetten
4 große Kartoffeln (ca. 750 g), in
3 mm dicke Scheiben geschnitten
1 Knoblauchzehe, fein gehackt
300 g Sojasahne
¼ TL frisch geriebene Muskatnuss
Salz und frisch gemahlener
schwarzer Pfeffer

ZUBEREITUNG

1. Den Backofen auf 180 °C (160 °C Umluft) vorheizen. Eine 19 cm lange Auflaufform einfetten.

2. Den Boden der Form mit einer Lage Kartoffeln bedecken. Mit einem Drittel des Knoblauchs bestreuen und einem Drittel der Sahne begießen. Zum Abschluss etwas geriebene Muskatnuss darüberstreuen und mit Salz und Pfeffer abschmecken. So noch zwei weitere Schichten einfüllen.

3. Die Auflaufform mit Alufolie abdecken und 1 Stunde im Ofen auf der mittleren Schiene backen. Die Alufolie entfernen und das Kartoffelgratin weitere 30 Minuten offen fertig überbacken.

SALAT-DRESSINGS in SEKUNDEN

beide für 2 bis 3 Personen

Ich verabscheue fertig gekauftes Salatdressing. Während ich bei anderen Dingen gerne einmal Kompromisse mache, bin ich in diesem Punkt absolut unnachgiebig. Diese (meistens) synthetisch schmeckenden Aromen in der Soße sind einfach ungenießbar. Das Tolle an den selbst gemachten Dressings ist, dass man zwischen Zitronensaft und Essig variieren kann. Probieren Sie es doch zur Abwechslung einmal mit Limettensaft und Weißweinessig oder Clementinensaft und Apfelessig. So können Sie das Grundrezept auf ganz einfache Weise abwandeln und auf die Zutaten in Ihrer Salatschüssel abstimmen. *Let's shake it!*

EINFACHES DRESSING

1 TL Dijonsenf
Saft von ½ Zitrone
1 TL Rotweinessig
1 TL Agavendicksaft oder anderes Süßungsmittel
3 EL extra-natives Olivenöl
Salz und frisch gemahlener schwarzer Pfeffer

Alle Zutaten in ein Glas mit Schraubdeckel geben und kräftig schütteln, bis das Dressing emulgiert.

Variationen

Peppen Sie Ihr Dressing zusätzlich mit weiteren Zutaten wie fein gehacktem Knoblauch, Frühlingszwiebeln, Kapern oder frischen Kräutern auf.

AHORNSIRUP-SENF-SALATDRESSING

1 g gehäufter TL Ganzkornsenf
Saft von 1 Zitrone
1 EL Apfelessig
1 EL Ahornsirup
30 ml Olivenöl
Salz und frisch gemahlener schwarzer Pfeffer

Alle Zutaten in ein Glas mit Schraubdeckel geben und kräftig schütteln, bis das Dressing emulgiert.

EINFACHE SOSSEN
in
SEKUNDEN

alle für 2 bis 3 Personen

Mit ein paar schnellen Tricks kann man ein Gericht in Sekundenschnelle von einem guten in ein fantastisches Essen verwandeln. Diese einfachen Soßen sind ein tolles Mittel, um einem Gericht zum Abschluss zusätzlich noch etwas Pfiff zu geben. Ob Sie sie über Couscous träufeln, einen Klacks auf die Nudeln geben, Salat damit anmachen oder ein Brot damit bestreichen … die Möglichkeiten zum Genießen sind unbegrenzt!

HUMMUS-SOSSE

150 g Hummus
Saft von ½ Zitrone
frisch gemahlener schwarzer Pfeffer

Hummus und Zitronensaft in eine kleine Schüssel geben und gut verrühren, bis eine glatte, flüssige Soße entsteht. Kräftig mit schwarzem Pfeffer würzen, umrühren und servieren.

AVOCADO-SOSSE

1 Avocado
3 EL Sojajoghurt natur
Saft von 1 Limette
Salz und frisch gemahlener schwarzer Pfeffer

Alle Zutaten in einer Schüssel mit dem Stabmixer glatt pürieren und mit Salz und Pfeffer abschmecken.

OLIVEN-SOSSE (TAPENADE)

200 g entsteinte grüne Oliven
1 Knoblauchzehe
50 ml extra-natives Olivenöl
Saft von ½ Zitrone
frisch gemahlener schwarzer Pfeffer

Alle Zutaten in einer Schüssel mit dem Stabmixer pürieren, bis eine grobe, aber streichfähige Masse entsteht. Mit Salz und Pfeffer abschmecken.

VEGANE RAITA

½ Gurke, halbiert, entkernt und geraspelt
200 g Sojajoghurt natur oder Kokoscreme
Saft von ½ Zitrone
Salz und frisch gemahlener schwarzer Pfeffer

Alle Zutaten in einer Schüssel miteinander verrühren. Würzen und abgedeckt in den Kühlschrank stellen, bis die Soße schön kalt ist.

Cremiger Auberginen-DIP

für 2 bis 4 Personen

Auberginen sind eine Obsession von mir. Ich liebe ihr cremiges, weiches Fleisch und ganz besonders die üppigen Dips, die man damit zubereiten kann. Nur zum Räuchern fehlt mir leider die Geduld, daher habe ich einfach etwas geräuchertes Paprikapulver hinzugefügt. Es trägt ein wenig dazu bei, dem Dip das gewünschte rauchige Aroma zu verleihen. Schließlich stößt jeder irgendwo an die Grenzen des Möglichen, oder etwa nicht?

ZUTATEN

Öl zum Einfetten

2 Auberginen

1 Knoblauchzehe

½ TL Meersalz

30 ml extra-natives Olivenöl (plus Extramenge zum Beträufeln)

Saft von 1 Zitrone

¼ TL geräuchertes Paprikapulver

50 g Tahinapaste

30 g frische glatte Petersilie, grob gehackt (plus Extramenge zum Garnieren)

Salz und frisch gemahlener schwarzer Pfeffer

geröstete Sesamkörner zum Garnieren

ZUBEREITUNG

1. Den Backofen auf 180 °C (160 °C Umluft) vorheizen und ein Backblech einfetten.

2. Die Auberginen der Länge nach halbieren, auf das Backblech legen und im Ofen auf der mittleren Schiene 30 bis 40 Minuten weich garen. Nach der Hälfte der Backzeit einmal wenden.

3. Herausnehmen, die Auberginen mit Alufolie abdecken und vollständig abkühlen lassen. Erst dann das Fleisch herauslösen, mit einem Messer gründlich zerhacken und mit einer Gabel fein zerdrücken.

4. Knoblauch und Meersalz zusammen in einem Mörser zerreiben.

5. Das Auberginenfleisch mit der Knoblauch-Salz-Mischung, extra-nativem Olivenöl, Zitronensaft und geräuchertem Paprikapulver in einer Schüssel gründlich vermengen und die Tahinapaste und die Petersilie unterrühren.

6. Mit Salz und Pfeffer abschmecken und großzügig mit extra-nativem Olivenöl beträufeln. Zum Schluss die gerösteten Sesamkörner und etwas Petersilie darüberstreuen. Der Dip passt wunderbar zu Knäckebrot, Pita oder Gemüserohkost und eignet sich auch gut als Brotaufstrich.

Dicker und cremiger
HUMMUS

für 2 bis 4 Personen

Beim Lesen dieses Hummus-Rezeptes fragen Sie sich wahrscheinlich, warum man sich um Himmels willen die Mühe machen sollte, bereits gekochte Kichererbsen noch einmal zu kochen. Die Verwendung von Konserven ersparen einem das lästige Einweichen über Nacht (was bei einer kurzfristigen Heißhunger-Attacke auf Hummus ohnehin gar nicht möglich wäre). Das Ergebnis bei erneutem Aufkochen ist ein überzeugend dicker, reichhaltiger und cremiger Hummus. Er kommt mit seinem Geschmack und seiner Konsistenz seinem orientalischen Bruder so nahe, wie man ihm mit einer Dose Kichererbsen aus dem örtlichen Supermarkt nur kommen kann.

Das ist mein kleiner Beitrag für alle Liebhaber der schnellen Küche!

ZUTATEN

400 g Kichererbsen (aus der Dose),
abgegossen und gespült
2 Knoblauchzehen
Meersalz
40 ml Tahinapaste
Saft von 2 Zitronen

Zum Anrichten
20 ml extra-natives Olivenöl
¼ TL scharfes Paprikapulver

ZUBEREITUNG

1. Kichererbsen in einem Topf mit etwa 500 ml Wasser aufgießen, sodass sie gerade bedeckt sind. Zum Kochen bringen und 30 Minuten köcheln lassen. Einige Esslöffel des Kochsudes zurückbehalten, den Rest abgießen.

2. Kichererbsen spülen, enthäuten (dieser Schritt ist wichtig!) und nochmals abspülen. Mit dem Stabmixer zu einer geschmeidigen Masse pürieren.

3. Knoblauchzehen mit 1 Teelöffel Salz im Mörser zerdrücken.

4. Den größten Teil der Tahinapaste, die Hälfte des Zitronensaftes und das Knoblauchmus zu den Kichererbsen geben und zu einer dicken, cremigen Paste pürieren. Wenn die Mischung noch zu fest ist, etwa 1 Esslöffel vom aufbewahrten Kochsud, etwas Zitronensaft und eine Prise Salz hinzufügen.

5. Den Hummus in eine flache Schüssel geben. Mit dem Löffelrücken eine kleine Mulde hineindrücken und einen großzügigen Schuss extra-natives Olivenöl hineingießen. Zum Schluss leicht mit geräuchertem Paprikapulver bestäuben. Mit Pitabrot oder Gemüserohkost servieren.

In zwei Schritten
TOMATENSOSSE

für 2 bis 4 Personen

Diese simple, aber raffinierte Soße sollten Sie unbedingt immer vorrätig haben. Man braucht für sie nicht mal Zwiebeln schneiden oder ewig am Herd stehen, lassen Sie einfach den Knoblauch die ganze Arbeit machen und genießen Sie das aromatische Ergebnis. Verwenden Sie die Tomatensoße für Pasta, Pizza, Lasagne oder andere Gerichte aus dem Ofen. Oder als Basis für ganz unterschiedliche Geschmacksrichtungen: Geben Sie ihr zum Beispiel mit gehackten frischen Chilischoten einen mexikanischen Touch oder mit Zimt einen eher orientalischen. Das ultimative Rezept für minimale Arbeit und maximalen Genuss! Für mich ist sie unersetzlich und für Sie bestimmt bald ebenso. Am besten bereiten Sie gleich eine größere Menge zu und frieren etwas davon ein. Verdoppeln Sie einfach die Mengenangaben dafür.

Zutaten

4 EL Olivenöl
4 Knoblauchzehen, fein gehackt
400 g Eiertomaten (aus der Dose)
Salz und frisch gemahlener
schwarzer Pfeffer
1 Prise Zucker
½ TL getrocknete Chiliflocken
(optional)

Zubereitung

1. Olivenöl bei schwacher Hitze in einem großen, schweren Topf erhitzen. Knoblauch dazugeben und ein paar Minuten sanft anbraten, aber nicht braun werden lassen.

2. Tomaten hinzufügen und mit dem Löffelrücken zerdrücken. Mit Salz und Pfeffer würzen, Zucker und nach Belieben Chiliflocken dazugeben, gut umrühren. Mit geschlossenem Deckel bei mittlerer Hitze 30 bis 40 Minuten köcheln lassen. Gelegentlich umrühren und ab und an etwas Wasser dazugießen. Vor dem Servieren nochmals mit Salz und Pfeffer abschmecken.

Einfache vegane „BRATENSOSSE"

für 2 bis 4 Personen

Ich habe mehrere Rezepte für „Bratensoße", auf die ich immer wieder zurückgreife, aber dieses ist mit Abstand das unkomplizierteste. Einfach alles in den Topf geben, umrühren und fertig. Die Soße passt wunderbar zu Kartoffelpüree, Blumenkohl und veganen Pasteten. Ein absolutes Allroundtalent!

ZUTATEN

2 EL Weizenmehl
1 EL gekörnte Gemüsebrühe
1 EL Sojasoße
1 EL Rotweinessig
1 EL Hefeextrakt (aus dem Bioladen)
1 TL Agavendicksaft

ZUBEREITUNG

1. Alle Zutaten mit 400 ml Wasser in einen flachen Topf geben und verrühren. Unter ständigem Rühren langsam zum Kochen bringen.

2. Hitze reduzieren und die Soße unter häufigem Rühren 5 bis 10 Minuten eindicken lassen.

3. Falls die Soße nicht so sämig ist, wie Sie es gerne hätten, etwas mehr Mehl dazugeben und kräftig unterrühren. Falls sie zu dick ist, etwas Wasser hinzufügen.

ZIMT-ZITRUS-
Cranberry-
SOSSE

für 4 bis 6 Personen

Diese Soße ist gleichermaßen süß und sauer und damit die perfekte Ergänzung zu jedem Gericht – und passt genauso zu einem richtig dicken Sandwich! Es spielt im Grunde keine Rolle, ob Sie frische oder getrocknete Cranberrys verwenden, entscheiden Sie ganz nach Jahreszeit. Getrocknete Beeren legen Sie einfach vor dem Gebrauch für ein paar Stunden in Wasser ein. Ich lasse gerne ein paar ganze Cranberrys in der Soße, für etwas mehr Biss. Am besten bereiten Sie sie ein oder zwei Tage im Voraus zu. Dadurch kann sich das Zitrus-Zimt-Aroma richtig schön entfalten.

ZUTATEN

300 g frische oder getrocknete
Cranberrys
100 g Zucker
1 Zimtstange
¼ TL frisch geriebene Muskatnuss
2 Gewürznelken
geriebene Schale und Saft von
1 Bio-Clementine

ZUBEREITUNG

1. Alle Zutaten in einem kleinen Topf zum Kochen bringen und 15 bis 20 Minuten ohne Deckel köcheln lassen, bis die Früchte weich sind. Dabei häufig umrühren. Vom Herd ziehen.

2. Die Cranberrys mit dem Löffelrücken vorsichtig zerdrücken. Nach Belieben ein paar Beeren ganz lassen.

3. Beiseitestellen und vollkommen abkühlen lassen. In ein Einmachglas oder ein luftdicht verschließbares Behältnis füllen und über Nacht in den Kühlschrank stellen.

4. Vor dem Servieren Clementinenschalen, Zimtstange und Nelken entfernen und die Soße noch einmal gründlich umrühren.

GEWÜRZTE
Kürbisbutter

ergibt ein Einmachglas (340 ml)

Falls Sie mit dem Rezeptnamen erst mal nichts anfangen können: Ich hatte auch keine Vorstellung, was das sein könnte, bis sie mir zufällig in einem amerikanischen Country Store in die Hände gefallen ist. Nach nur einem Bissen war ich süchtig danach. Altmodisch hergestellte „Fruchtbutter" ist mit gewöhnlicher Konfitüre nicht zu vergleichen, und das hier ist meine Lieblingssorte. Ich streiche sie gerne auf Toast, rühre sie in veganen Joghurt oder nehme sie als süßen Dip für Obst. Am allerliebsten löffle ich sie jedoch pur direkt aus dem Glas. Hoffentlich mögen Sie sie bald genauso gern wie ich!

ZUTATEN

250 g Kürbismus (siehe
Schritt 1 vom Kürbiskuchen-Rezept
auf Seite 151)
75 ml Kokosmilch oder andere
Pflanzenmilch
150 ml Agavendicksaft oder
Ahornsirup
½ TL Apfelessig
einige Tropfen Vanillearoma
1 TL Zimtpulver
½ TL frisch geriebene Muskatnuss
¼ TL Pimentpulver
1 Prise Salz

ZUBEREITUNG

1. Alle Zutaten in einem mittelgroßen Topf langsam zum Köcheln bringen und 20 bis 30 Minuten eindicken lassen. Dabei häufig umrühren, damit sich die Mischung nicht am Topfboden festsetzt.

2. Ein Einmachglas für 340 ml Inhalt sterilisieren: Ein sauberes Glas mit Deckel in einem Topf mit kochendem Wasser 10 Minuten auskochen und anschließend auf einem sauberen Geschirrtuch abtropfen lassen.

3. Sobald die Butter dick genug ist, in das Glas abfüllen, sofort verschließen und mindestens 1 Tag abkühlen lassen. Nach dem Öffnen hält sich die Butter 14 Tage im Kühlschrank. Die Kürbisbutter eignet sich hervorragend zum Verschenken.

SÜSSE Leckereien

Karottenkuchen-
BÄLLCHEN

ergibt 12 bis 14 Stück

Süße Leckereien müssen nicht zwangsläufig voll von raffiniertem Zucker sein. Der natürliche Zuckergehalt von Datteln und Rosinen stillt den Heißhunger auf Süßes genauso gut wie jeder Schokoriegel oder jedes üppige Stück Torte. Trotzdem ist natürlich ab und an ein Sünde erlaubt! Ich achte allerdings immer mehr darauf, wie viel Kuchen ich esse (willkommen in den Dreißigern!). Daher habe ich mich von einem meiner Lieblingsrezepte inspirieren lassen und es etwas gesünder in einen süßen Klassiker für Veganer umgewandelt: das unvergleichliche Rohkostbällchen (schmeckt besser, als es klingt …). Die häppchengroßen Leckerbissen müssen nicht einmal gebacken werden. Einfach pürieren, rollen, kalt stellen und essen. Das ist doch viel besser, als den ganzen Tag an einem Teig herumzumachen.

ZUTATEN

1 kleine Karotte, geraspelt
150 g Datteln, entsteint und grob
gehackt (z. B. Medjoul)
250 g Pekannüsse
50 g Rosinen
geriebene Schale von 1 Bio-
Clementine oder Bio-Orange
¼ TL Zimtpulver
¼ TL Ingwerpulver
1 Prise frisch geriebene
Muskatnuss
50 g Kokosraspeln

ZUBEREITUNG

1. Die Karotte in ein sauberes Geschirrtuch einschlagen und die überschüssige Flüssigkeit herauspressen.

2. Alle Zutaten bis auf die Kokosraspeln mit der Küchenmaschine so lange pürieren, bis ein grober Teig entsteht. Falls nötig, den Teig dabei immer wieder mit dem Teigschaber vom Rand schaben.

3. Einen Teller oder ein Backblech mit Backpapier auslegen.

4. Von der Teigmischung mit einem Teelöffel eine golfballgroße Menge abstechen, mit nassen Händen zu einer Kugel formen und auf das Backpapier legen. Den Teig zu insgesamt 12 bis 14 Bällchen rollen.

5. Die Koskosraspeln in eine Schüssel füllen und die Teigkugeln darin wälzen. Die fertigen Karottenkuchen-Bällchen über Nacht in den Kühlschrank stellen.

SCHOKOLADE-
Erdnussbutter-Happen

ergibt 12 Stück

Ein „gesunder Leckerbissen" klingt wie ein Widerspruch in sich – gleichzeitig lecker und gesund? Diese süßen Happen sind es, deshalb kann man sie ohne schlechtes Gewissen genießen. Sie enthalten weder raffinierten Zucker noch Fett, wie so oft in Desserts oder Konfekt. Wenn Sie also ein, zwei oder drei dieser
Häppchen als Nachmittagssnack essen möchten, nur zu. Null Problemo. Die wichtigsten Zutaten, die Sie
dafür brauchen, sind weiche Nüsse (wie Wal- oder Pekannüsse), einige Datteln, Rosinen oder Sultaninen.
Der Rest ist ganz Ihnen überlassen. Experimentieren Sie mit verschiedenen Geschmacksrichtungen und
Kombinationen, verwenden Sie Gewürze, Aromen, was immer Ihnen passend scheint. In diesem Rezept
habe ich zwei meiner persönlichen Lieblingszutaten kombiniert: Schokolade (Kakao) und Erdnussbutter.
Leckerer und sättigender geht es nicht, denn Sie stillen damit nicht nur Ihren Hunger auf Schokolade,
sondern bekommen durch die Erdnüsse auch den dringend benötigten Proteinschub.

ZUTATEN

8 Datteln (z. B. Medjoul), entsteint,
oder 150 g Rosinen
50 g Pekannüsse, gehackt
2 EL Erdnussbutter mit Stückchen
1 EL Kakaopulver (plus Extramenge
zum Bestäuben)
1 EL Dattelsirup

ZUBEREITUNG

1. Einen Teller oder ein Backblech mit Backpapier auslegen.

2. Alle Zutaten in einer Küchenmaschine so lange zerkleinern, bis die Mischung von der Konsistenz her an grobe Semmelbrösel erinnert.

3. In eine Schüssel geben und zu 12 gleich großen Bällchen rollen. Auf den
ausgelegten Teller oder das Backblech legen und über Nacht in den Kühlschrank stellen.

4. Vor dem Servieren etwas Kakaopulver auf einen Teller sieben und jedes
Bällchen behutsam darin wälzen, bis es rundum gut bedeckt ist. Überschüs-
siges Kakaopulver abschütteln.

Schokoladen- TÄFELCHEN

für 2 bis 4 Personen

Manchmal gilt ganz einfach: je süßer, desto besser. Und viel simpler als diese dekadente Borkenschokolade geht es nicht. Im Grunde ist dies nur eine leichte Übung im Schokoladeschmelzen, und bei der Auswahl der Beläge können Sie Ihrem Spieltrieb freien Lauf lassen. Das Ergebnis täuscht über die Einfachheit des Rezeptes hinweg (psst, ich verrate nichts, wenn Sie nichts sagen …). Wenn Sie die Schokolade in hübsches Seidenpapier einwickeln und in eine altmodische Keksdose legen, haben Sie ein beeindruckendes Geschenk, das die unersetzliche Aura des Selbstgemachten ausstrahlt. *Et voilà!*

ZUTATEN

200 g hochwertige dunkle Schokolade (mindestens 70 % Kakaoanteil), in Stücke gebrochen
1 Prise Meersalz

Mögliche Beläge
grobes Meersalz
Kakaobohnensplitter
zerbröselte Zuckerstangen
gehackte Nüsse

ZUBEREITUNG

1. Eine 20 cm lange, flache Backform mit Backpapier auslegen.

2. Für ein heißes Wasserbad Wasser in einem kleinen Topf zum Kochen bringen. Hitze reduzieren, bis das Wasser nur noch siedet. Die Schokolade in einer Metallschüssel über dem heißen Wasserdampf (nicht kochen!) schmelzen. Dabei ab und zu umrühren.

3. Sobald die Schokolade geschmolzen ist, in die ausgelegte Backform gießen und mit dem Teigspatel glatt streichen. Dabei die Schokolade nicht zu dünn verteilen. Mit dem gewünschten Belag bestreuen und bei Raumtemperatur erkalten lassen. Sobald die Schokolade fest ist, kann man sie in Stücke brechen.

~Toffee-~
BROWNIES

ergibt 12 bis 16 Stück

Jemanden zu finden, der keine Brownies mag, dürfte ein Ding der Unmöglichkeit sein. Auch wenn jeder seine eigenen Ansichten darüber hat, wie feucht oder zäh der perfekte Brownie sein sollte, bevorzuge ich persönlich eine eher toffeeartige Konsistenz. Er sollte kompakt genug sein, um ihn in handliche, mundgerechte Quadrate schneiden zu können. Diese hier können auch gut warm gegessen werden. Zusammen mit milchfreiem Vanilleeis ein üppig-köstliches Dessert. Guten Appetit!

ZUTATEN

250 g Weizenmehl

1 TL Backpulver

1 Prise Salz

1 Banane, geschält und zerdrückt

230 g Zucker

einige Tropfen Vanillearoma

140 g hochwertige dunkle Schokolade (mindestens 70 % Kakaoanteil), in Stücke gebrochen

4 EL vegane Margarine (plus Extramenge zum Einfetten)

1 EL Agavendicksaft

60 g dunkle Schokotröpfchen

120 g Walnüsse, gehackt

Puderzucker zum Bestäuben

ZUBEREITUNG

1. Den Backofen auf 180 °C (160 °C Umluft) vorheizen. Eine 20 cm lange Backform mit Backpapier auslegen.

2. Mehl, Backpulver und Salz in eine große Schüssel sieben. In einer anderen Schüssel die Banane mit Zucker und Vanillearoma verrühren.

3. Für ein heißes Wasserbad Wasser in einem kleinen Topf zum Kochen bringen. Hitze reduzieren, bis das Wasser nur noch siedet. Die Schokolade mit der Margarine und dem Agavendicksaft in einer Metallschüssel über dem heißen Wasserdampf (nicht kochen!) schmelzen, bis eine geschmeidige, glatte Masse entsteht. Die geschmolzene Schokolade zur Bananenmischung geben und gut verrühren.

4. In die Mitte der Mehlmischung eine Mulde drücken, die Schokoladenmischung hineingießen und gründlich unterheben. Zum Abschluss die Schokotröpfchen und die Walnüsse unterheben, den Teig dabei nicht zu stark verrühren.

5. Teig in die vorbereitete Backform gießen und 25 Minuten im Ofen auf der mittleren Schiene backen. Herausnehmen und in der Form vollständig abkühlen lassen.

6. Die fertigen Brownies noch in der Form in quadratische Stücke schneiden und vor dem Servieren mit Puderzucker bestäuben.

Schokoladen-Maronen-
KUCHEN

für 8 bis 12 Personen

Verschwenderischer Genuss ist auch bei veganen Süßspeisen absolut genauso möglich. Dieser reichhaltige Kuchen ist beinahe schon dekadent. Er enthält eine Zutat, die normalerweise der Weihnachtszeit vorbehalten ist: die unscheinbare Marone. Gut sortierte Supermärkte führen Maronenprodukte das ganze Jahr über, daher können Sie diesen raffinierten Kuchen zaubern, wann immer Ihnen der Sinn danach steht.

ZUTATEN

Für die süße Kokossahne
250 ml H-Kokoscreme, über Nacht
kalt gestellt
3 EL Agavendicksaft
einige Tropfen Vanillearoma

Für den Boden
200 g milchfreie Vollkornkekse
1 gehäufter EL Kakaopulver
2 EL Agavendicksaft
3 EL Sojabutter

Für den Belag
425 g gesüßtes Maronenpüree
(aus der Dose)
100 g hochwertige dunkle Schokolade (mindestens 70% Kakaoanteil), in Stücke gebrochen
2 EL Agavendicksaft
einige Tropfen Vanillearoma
250 g süßer Maronenaufstrich
geraspelte Schokolade
zum Garnieren

ZUBEREITUNG

1. Den Boden einer 12 cm hohen, im Durchmesser 20 cm runden Backform mit Backpapier auslegen.

2. Für die Kokossahne die gekühlte Kokoscreme in einer Schüssel mit Agavendicksaft und Vanillearoma cremig aufschlagen. Kühl stellen.

3. Für den Boden die Kekse zerkrümeln und in einer großen Schüssel mit dem Kakaopulver und Agavendicksaft vermischen. Sojabutter in einer kleinen Pfanne schmelzen und zu den Kekskrümeln geben. Den Boden der Backform mit der Krümelmischung bedecken und mit dem Löffelrücken gut festdrücken. Mindestens 20 Minuten im Kühlschrank fest werden lassen.

4. Für den Belag das Maronenpüree in eine große Schüssel geben. Für ein heißes Wasserbad Wasser in einem kleinen Topf zum Kochen bringen. Hitze reduzieren, bis das Wasser nur noch siedet. Die Schokolade in einer Metallschüssel über dem heißen Wasserdampf (nicht kochen!) schmelzen. Dabei ab und zu umrühren. Die geschmolzene Schokolade mit Agavendicksaft und Vanillearoma unter das Maronenpüree rühren.

5. Ein Drittel der Maronenmischung gleichmäßig bis an den Rand der Form auf dem Keksboden verteilen. Mindestens 1 Stunde in den Kühlschrank stellen, dann das zweite Drittel Maronenaufstrich darauf verstreichen. Noch einmal 20 bis 30 Minuten im Kühlschrank fest werden lassen. Die restliche Maronenmischung einschichten und mindestens 1 Stunde, besser noch über Nacht, in den Kühlschrank stellen. Vor dem Servieren mit geraspelter Schokolade bestreuen und mit der Kokossahne servieren.

KÜRBIS-
Kuchen

für 6 bis 8 Personen

Dieser Kuchen ist in den USA ein fester Bestandteil des Thanksgiving-Essens, aber ansonsten nicht besonders verbreitet. Da haben wir Nicht-Amerikaner aber was verpasst! Dank eines lehrreichen und köstlichen Aufenthaltes in Chicago bin ich nicht nur ein vollwertiges Mitglied des Kürbiskuchen-Fanclubs geworden, sondern auch fest entschlossen, überall zu missionieren. Mein erstes Thanksgiving-Fest ist und bleibt eine meiner schönsten Erinnerungen an unsere Zeit in Chi-Town. Mittlerweile haben wir diesen Feiertag übernommen und feiern ihn jedes Jahr, selbst im hintersten Cornwall. Dieses Rezept ist der lebende (oder gegessene?) Beweis dafür, dass man kein Amerikaner sein muss, um für die Ernte zu danken.

ZUTATEN

1 Kürbis (ca. 500 g, z. B. Hokkaido),
halbiert und ausgehöhlt
150 g fester Seidentofu
1 TL Zimtpulver
½ TL Pimentpulver
¼ TL frisch geriebene Muskatnuss
100 g dunkelbrauner Zucker
100 ml Agavendicksaft
40 ml Ahornsirup
1 TL Maismehl
Sojasahne oder milchfreie Eiscreme
zum Servieren

Für den Boden
200 g Ingwerkekse
30 g vegane Butter

ZUBEREITUNG

1. Backofen auf 200 °C (180 °C Umluft) vorheizen. Die Kürbishälften mit 240 ml Wasser und der Schnittfläche nach unten in eine große Ofenform legen und im Ofen weich backen (etwa 60 Minuten). Abkühlen lassen, das Fleisch mit einem Löffel herauslösen und pürieren. Backofentemperatur auf 180 °C (160 °C Umluft) reduzieren.

2. Für den Boden die Kekse zerkrümeln und in eine große Schüssel füllen. Butter in einer kleinen Pfanne schmelzen und zu den Kekskrümeln geben. Den Boden der Backform mit der Krümelmischung bedecken und mit dem Löffelrücken gut festdrücken. Mindestens 10 Minuten im Kühlschrank fest werden lassen.

3. In der Küchenmaschine 300 g des Kürbismuses mit den verbleibenden Zutaten glatt pürieren, auf den gekühlten Boden gießen und 40 Minuten backen, bis der Kuchen gerade fest ist (er sollte noch etwas wackeln, wenn man an der Form rüttelt). Temperatur ausstellen und den Kuchen weitere 20 Minuten im ausgeschalteten Ofen nachbacken lassen.

4. Herausnehmen und gut abkühlen lassen, am besten über Nacht. Den Kuchen gekühlt oder zimmerwarm zusammen mit Sojasahne oder milchfreier Eiscreme servieren.

~ Zucker- ~
PLÄTZCHEN

ergibt 6 große Plätzchen

Dieses beliebte Grundrezept für Plätzchen hat sich längst bewährt. Egal, ob Sie nur eine Kleinigkeit zum Tee wollen oder einfach ein Rezept mit Geling-Garantie suchen. Ich backe Plätzchen meist nur in kleinen Mengen, denn sonst esse ich alle auf einen Schlag. Freiwillige Essensrationierung wegen mangelnder Willenskraft, sozusagen. Wenn Sie Gäste bewirten oder für mehrere Leute backen möchten, können Sie die Mengenangaben natürlich ganz nach Wunsch verdoppeln, verdrei- oder vervierfachen. Halten Sie aber die Kühlzeit ein, sonst verlaufen die Plätzchen im Ofen. Im Kühlschrank hält sich der Teig bis zu einer Woche, sodass Sie jederzeit innerhalb von 20 Minuten frische Kekse zaubern können. Probieren Sie auch die Variationen aus – es ist für jeden Geschmack etwas dabei. Ich persönlich mag die Doppelkekse am liebsten, aber vielleicht liegt das nur an meiner Verfressenheit. Lassen Sie es sich schmecken!

ZUTATEN

125 g vegane Butter
125 g feiner Zucker
einige Tropfen Vanillearoma
250 g Weizenmehl
1 TL Backpulver

ZUBEREITUNG

1. Butter und Zucker in einer großen Schüssel mit dem Handrührgerät cremig rühren. Vanillearoma hinzufügen.

2. In einer separaten Schüssel das Mehl und das Backpulver vermischen. Die Mehlmischung löffelweise zur Buttermasse geben und verrühren, bis ein glatter Teig entsteht.

3. Teig zu einer Rolle formen, in Frischhaltefolie einwickeln und im Kühlschrank mindestens 1 Stunde (besser über Nacht) kalt stellen.

4. Zum Backen den Backofen auf 180 °C (160 °C Umluft) vorheizen. Vom Teig teelöffelgroße Stücke abnehmen und zu flachen Küchlein formen. Mit großem Abstand voneinander auf ein mit Backpapier ausgelegtes Backblech setzen.

5. Im Ofen auf der mittleren Schiene etwa 15 bis 20 Minuten hellbraun backen. Die Kekse sollten beim Herausnehmen noch sehr weich sein, da sie beim Abkühlen fester werden. Auf dem Kuchengitter abkühlen lassen.

ZITRONENPLÄTZCHEN

Teig wie angegeben zubereiten, aber die geriebene Schale und den Saft von 1 Bio-Zitrone zur cremig gerührten Buttermischung geben. Eventuell 2 Esslöffel Mehl hinzufügen. Für die Glasur 100 g Puderzucker mit 3 bis 5 Teelöffel Zitronensaft glatt rühren. Die Plätzchen damit bestreichen, mit geriebener Zitronenschale bestreuen.

COOKIES MIT SCHOKOLADEN-STÜCKCHEN

Teig wie angegeben zubereiten, aber 1 Esslöffel Kakaopulver und 40 g Schokotröpfchen zur Mehlmischung geben.

GEFÜLLTE DOPPELKEKSE

Zuckerplätzchen wie angegeben backen und zum Abkühlen beiseitestellen. 100 g vegane Butter, 60 g Puderzucker und etwas Vanillearoma cremig rühren. Unmittelbar vor dem Servieren eine großzügige Schicht Buttercreme auf jeweils die Hälfte der Kekse streichen und mit der anderen Hälfte zu Doppelkeksen zusammensetzen.

MINZIGE SCHOKOLADEN-GEBURTSTAGSTORTE

mit glänzender Glasur

für 8 bis 10 Personen

Bei dieser Torte greife ich richtig in die Vollen – schließlich ist es eine Geburtstagstorte, von Schokolade umhüllt und mit minziger Buttercreme gefüllt. Sie kam ursprünglich durch eine Verkettung unglücklicher Umstände zustande, durch die ich vollkommen den Geburtstag meines Ehemannes vergaß (oje!). In meiner Verzweiflung schusterte ich alles zusammen, was ich im Regal und im Kühlschrank fand. Und bingo! Schon war diese Geburtstagstorte geboren, und eine Ehekrise abgewendet. So saftig, süß und minzig wie sie ist, ist sie seitdem meine erste Wahl bei Schokoladenkuchen-Rezepten!

ZUTATEN

Für den Kuchen
160 g Weizenmehl
50 g Kakaopulver
200 g feinster Zucker
1 TL Backpulver
½ TL Natron
½ TL Salz
240 ml warmes Wasser
75 ml Sonnenblumenöl
einige Tropfen Vanillearoma
1 TL Apfelessig

Für die Pfefferminz-Buttercreme
1 EL vegane Butter
130 g Puderzucker (oder brauner Zucker zu Puderzucker gemahlen)
2 TL hochwertiges Pfefferminz-extrakt (aus der Apotheke) oder 1 EL Pfefferminzsirup
1 EL Sojamilch

ZUBEREITUNG

1. Den Backofen auf 180 °C (160 °C Umluft) vorheizen. Den Boden einer Springform mit einem Durchmesser von 20 cm mit Backpapier auslegen.

2. Mehl, Kakaopulver, Zucker, Backpulver, Natron und Salz in einer großen Schüssel gründlich mischen. In einer separaten Schüssel das Wasser mit dem Öl, dem Vanillearoma und dem Essig verquirlen.

3. In die Mitte der Mehlmischung eine Mulde drücken und die Wasser-Öl-Mischung hineingießen. Vorsichtig mit dem Handrührgerät unterheben, bis ein glatter, relativ flüssiger Teig entsteht.

4. Den Kuchenteig in die vorbereitete Backform gießen und 40 bis 50 Minuten im Ofen auf der mittleren Schiene backen. Zum Test mit einem Holzstäbchen in den Tortenboden stechen, wenn kein Teig kleben bleibt, dann ist er fertig.

5. Aus dem Ofen nehmen, in der Form vollständig abkühlen lassen und dann auf ein Kuchengitter legen. Den erkalteten Kuchen mit einem scharfen Messer vorsichtig quer halbieren, sodass zwei Böden entstehen.

6. Für die Buttercreme alle Zutaten in einer Schüssel mit dem Handrührgerät zu einer glatten Masse verrühren. Falls nötig, etwas Sojamilch hinzufügen.

7. Die Buttercreme-Mischung auf einen Tortenboden streichen und den zweiten Boden behutsam daraufsetzen.

WEITER »

Zutaten

Für die dunkle Schokoglasur
60 ml Sojamilch
1 TL vegane Butter
160 g hochwertige dunkle Schokolade (mindestens 70 % Kakaoanteil), in Stücke gebrochen

Zubereitung

8. Für die Glasur Sojamilch und Butter in einem kleinen, schweren Topf langsam erhitzen, bis die Butter schmilzt. Schokoladenstücke dazugeben und so lange rühren, bis die Masse glatt ist und glänzt (nicht kochen!).

9. Glasur einige Minuten abkühlen lassen und dann vorsichtig über die Torte gießen. Mit einem Spachtelmesser gleichmäßig verstreichen und anschließend kalt stellen, bis die Glasur etwas fester geworden ist. Zum Servieren in Stücke schneiden. In einem Tortenbehälter bleibt die Geburtstagstorte mehrere Tage frisch.

Sommer-
PUDDING

für 4 Personen

Pudding steht bei mir mitten im heißen Sommer nicht gerade hoch im Kurs – mit Ausnahme von diesem hier. Er ist leicht, frisch und kann zum Glück im Voraus zubereitet werden. Daher ist er die perfekt für ein leichtes Mittagessen. Die Minze und die Zitrone verleihen den Beeren zusätzliche Frische. Aber nehmen Sie unbedingt qualitativ hochwertiges Brot, sonst beeinträchtigt es den Geschmack.

ZUTATEN

600 g frische oder gefrorene gemischte Beeren
200 g feiner Zucker
geriebene Schale und Saft von 1 Bio-Zitrone
1 Zweig Minze (plus ein paar Blätter extra zum Garnieren)
10 Scheiben Weißbrot (ca. 1 cm dick), ohne Kruste

ZUBEREITUNG

1. Beeren mit dem Zucker, dem Zitronensaft und einem Zweig Minze in einem Topf zum Kochen bringen, Hitze reduzieren und ein paar Minuten leicht köcheln lassen, bis die Beeren weich, aber noch nicht verkocht sind. Vom Herd nehmen und vollständig abkühlen lassen. Minzzweig entfernen und Zitronenschale unterrühren.

2. Das Brot bis auf 4 Scheiben in Dreiecke schneiden. Die Brotdreiecke in die Beerenmischung tunken, und mit dem vollgesogenen Brot 4 Teetassen oder kleine Auflaufförmchen lückenlos auslegen. Dort hinein jeweils ein Viertel der Beerenmischung füllen. Aus den übrigen 4 Brotscheiben 4 Kreise als Deckel ausstechen und die Förmchen damit verschließen. Gut festdrücken, damit das Brot etwas vom Saft aufnehmen kann.

3. Die restliche Beerenmischung über die Puddingförmchen löffeln, ein Küchenbrett darüberlegen und so beschwert über Nacht in den Kühlschrank stellen.

4. Zum Servieren vorsichtig mit dem Messer am Rand der Form entlangfahren, einen umgedrehten kleinen Servierteller auf das Förmchen legen und zum Stürzen wenden. Mit dem Messergriff leicht auf den Boden des Förmchens klopfen, bis der Pudding herausrutscht.

5. Den Sommer-Pudding mit Minzblättern dekorieren und mit milchfreier Sahne servieren.

NEKTARINEN-, BLAUBEEREN- und Mandel- CRUMBLE

für 4 bis 6 Personen

Meistens vermeide ich raffinierten Zucker. Ich finde, die Süße kann auch mit natürlichen veganen Süßungsmitteln – wie Agavendicksaft oder Ahornsirup – erreicht werden. In diesem Fall stehe ich jedoch voll und ganz hinter der Verwendung von Zucker. Nichts ist besser als ein guter Crumble, und da ich praktisch damit großgezogen wurde, kenne ich mich mit diesem bekannten englischen Dessert aus. Die Kombination von Nektarinen mit dem Mandelbelag ist einfach ein Gedicht. Und obwohl ich normalerweise immer dazu aufrufe, Zucker nur in Maßen zu genießen, ermutige ich Sie bei diesem Dessert dazu, alle Vorsicht in den Wind zu schießen und sich in vollen Zügen dem Zuckergenuss hinzugeben.

ZUTATEN

vegane Margarine zum Einfetten
4 Nektarinen, halbiert, entkernt
150 g Blaubeeren
3 EL Zucker
einige Tropfen Vanillearoma
milchfreie Vanillesoße, Eiscreme
oder Sahne zum Servieren

Für die Streusel
150 g Weizenmehl
75 g gemahlene Mandeln
1 Prise Salz
½ TL Backpulver
50 g vegane Margarine
40 g Mandelblättchen, geröstet
2 EL Zucker

ZUBEREITUNG

1. Den Backofen auf 180 °C (160 °C Umluft) vorheizen. Eine Backform, etwa von der Größe 20 x 30 cm, einfetten.

2. Nektarinen mit den Schnittflächen nach unten in die Backform legen. Blaubeeren und Zucker mit dem Vanillearoma gleichmäßig darauf verteilen.

3. Für die Streusel in einer Rührschüssel Mehl, Mandeln, Salz und Backpulver mischen. Margarine hinzufügen und mit den Händen verkneten, bis die Mischung an sehr feine Semmelbrösel erinnert. Die Mandelblättchen und die Hälfte des Zuckers unterrühren. Die Streusel gleichmäßig über das Obst streuen und zum Abschluss mit Zucker bestäuben.

4. Im Ofen auf der mittleren Schiene 25 bis 30 Minuten backen, bis der Zucker goldbraun karamellisiert ist.

5. Ein paar Minuten abkühlen lassen und mit milchfreier Vanillesoße, Eiscreme oder Sahne servieren – oder am besten mit allem!

OHNE BACKEN:

Erdbeer-Vanille-„Käsekuchen"

für 8 bis 10 Personen

Üppig, dekadent und genau das Gegenteil von dem, wofür vegane Süßspeisen oft gehalten werden ... Dieser käsefreie „Käsekuchen", der nicht einmal gebacken werden muss, führt jeden in die Irre und bekehrt womöglich selbst die hartgesottensten Milchprodukte-Fans. Streng genommen verwendet man bei pflanzlichem „Käsekuchen" keine verarbeiteten Süßungsmittel wie Agavendicksaft. Ich bin jedoch nicht allzu dogmatisch und denke hier ein bisschen flexibel – vor allem, wenn es so gut schmeckt! Dieser Kuchen ist der absoluter Publikumsliebling. Niemand wird je erraten, was die Hauptzutat ist ... Sie sollten ihn allerdings etwas im Voraus zubereiten, denn die Stars der Show müssen mindestens sechs Stunden einweichen.

ZUTATEN

Für den Boden
200 g Pekannüsse
75 g Datteln (z. B. Medjoul), entsteint

Für die Erdbeerschicht
250 g Erdbeeren, entstielt
2 EL Zitronensaft
3 EL Agavendicksaft oder Ahornsirup
125 g Cashewkerne, 6 Stunden in kaltem Wasser eingeweicht und abgegossen

Für die Vanilleschicht
300 g Cashewkerne, 6 Stunden in kaltem Wasser eingeweicht und abgegossen
100 ml Agavendicksaft

ZUBEREITUNG

1. Die Zutaten für den Boden in einer Küchenmaschine oder mit dem Mixer zerkleinern. Eine Kuchenform mit 20 cm Durchmesser mit Backpapier auslegen, die Mischung hineingeben und mit den Händen oder einem Löffel fest in die Form drücken. 30 Minuten ins Gefrierfach stellen.

2. Die Erdbeeren für die Erdbeerschicht mit jeweils 1 Esslöffel Zitronensaft und Agavendicksaft pürieren, anschließend durch ein Sieb streichen.

3. Die abgegossenen Cashewkerne für die Erdbeerschicht mit dem Erdbeerpüree sowie dem restlichen Zitronensaft und Agavendicksaft vollkommen glatt pürieren. Falls Sie Ahornsirup verwenden, darauf achten, dass die Mischung nicht zu flüssig wird.

4. Den Kuchenboden aus dem Gefrierfach nehmen und die Erdbeer-Nuss-Mischung hineingießen. Mit einem Teigspatel schön glatt streichen und 1 weitere Stunde ins Gefrierfach stellen.

5. In der Zwischenzeit alle Zutaten für die Vanilleschicht mit dem Mixer glatt pürieren, bis sie fast an Cashewsahne erinnert. Die Vanillemischung auf die fest gewordene Erdbeerschicht gießen. Mit dem Teigspatel glattstreichen und mehrere Stunden ins Gefrierfach stellen.

WEITER »

ZUTATEN

Mark von 1 Vanilleschote
Saft von ½ Zitrone
60 ml (möglichst gefiltertes) Wasser

Für die marinierten Erdbeeren
50 g Erdbeeren, entstielt und in
Scheiben geschnitten
einige Tropfen Vanillearoma

ZUBEREITUNG

6. Die in Scheiben geschnittenen Erdbeeren zusammen mit dem Vanillearoma mindestens 1 Stunde lang in einer Schüssel marinieren lassen.

7. Wenn der „Käsekuchen" fest geworden ist, 30 Minuten in den Kühlschrank stellen, anschließend aus der Form lösen. Zusammen mit den marinierten Erdbeeren servieren.

Lemon CURD

Ich weiß noch genau, wie ich mir als Kind immer selbst Brote mit Lemon Curd geschmiert habe. Wahrscheinlich war es das erste Essbare, das ich selbst zubereitet habe. Natürlich enthält traditioneller Lemon Curd Eier. Aber als ich Veganerin wurde, wollte ich ihn unbedingt genauso gut ohne tierische Produkte zubereiten können. Die Kokosmilch-Basis schmeckt man kaum heraus. Der säuerlich-süße Brotaufstrich schmeckt einfach himmlisch auf allem Möglichen, von Toast über Hefeküchlein bis hin zu veganen Scones. Kindheitserinnerungen gerettet!

ZUTATEN

4 Bio-Zitronen
400 ml Kokosmilch (aus der Dose)
100 g feinster Zucker
2–3 EL Maismehl

ZUBEREITUNG

1. Die Schale von 1 Zitrone mit einem Sparschäler in feine Streifen und die einer zweiten in breite Streifen schälen. Den Saft von allen 4 Zitronen auspressen.

2. Zitronensaft und -schalen in einem kleinen, schweren Topf mit der Kokosmilch, dem Zucker und etwas Maismehl (für eine flüssigere Konsistenz 2 Esslöffel Maismehl, für einen festeren, streichfähigeren Curd 3 Esslöffel Maismehl) verquirlen.

3. Die Mischung zum Kochen bringen und ohne Deckel etwa 1 Stunde köcheln lassen, bis die Masse reduziert und eindickt. Dabei häufig umrühren.

4. Ein Einmachglas für 450 ml Inhalt sterilisieren: Ein sauberes Glas mit Deckel in einem Topf mit kochendem Wasser 10 Minuten auskochen und anschließend auf einem sauberen Geschirrtuch abtropfen lassen.

5. Lemon Curd zum Abkühlen beiseitestellen. Zitronenschalen entfernen und den Curd in das sterilisierte Glas füllen. Gut verschließen und kühl aufbewahren. Geöffnet hält der Aufstrich im Kühlschrank etwa zwei Wochen.

MANDEL-CASHEW-
und Kakao-Cashew-
SAHNEPUDDING

für 2 bis 4 Personen

Cashewkerne sind unendlich vielseitig. Diese beiden Sahnepuddings könnten gar nicht unterschiedlicher schmecken, obwohl sie die gleiche Creme als Ausgangsbasis haben. Es lohnt sich, stets eine Portion von beiden im Kühlschrank zu haben – Sie wissen schon, für Pudding-Notfälle in letzter Minute … das ist auf jeden Fall meine Ausrede!

MANDEL-CASHEW-SAHNEPUDDING

250 g Cashewkerne, mindestens
6 Stunden in Wasser eingeweicht
1 TL Mandelmus
3 EL Agavendicksaft
1 Prise Salz
geschälte frische Pfirsiche und
Mandelblättchen zum Anrichten

1. Cashewkerne mit 160 ml Wasser mit dem Mixer glatt pürieren, bis eine glatte Masse entsteht (sie durchläuft mehrere Stadien: nussig, körnig, grob und fein). Falls nötig, etwas Wasser hinzufügen, die Masse dabei mit einem Teigspatel immer wieder vom Rand schaben. Mandelmus, Agavendicksaft und Salz hinzufügen und glatt pürieren. Mindestens 1 Stunde in den Kühlschrank stellen.

2. Mandel-Cashew-Sahnepudding über die geschälten Pfirsiche füllen und mit Mandelblättchen dekorieren.

KAKAO-CASHEW-SAHNEPUDDING

Für die Creme
wie oben, statt Mandelmus 1 EL
Rosen- oder Orangenblütenwasser
und 1 gehäuften EL Kakaopulver

Für den Boden
100 g ungesalzene Pistazien
4 Datteln (z. B. Medjoul), entsteint
frische Himbeeren und gehackte
Pistazien zum Anrichten

1. Die Creme wie oben in Schritt 1 beschrieben zubereiten, aber nur 75 ml Wasser nehmen und statt Mandelmus Kakaopulver und Rosen- oder Orangenblütenwasser verwenden. Diese Creme hat eine etwas festere Konsistenz.

2. Für den Boden Pistazien und Datteln im Blitzhacker so lange zerkleinern, bis sie groben Semmelbröseln ähneln. In 4 Tortenförmchen oder Silikon-Muffinförmchen füllen, fest andrücken und mindestens 1 Stunde ins Gefrierfach stellen.

3. Den Boden vorsichtig aus den Förmchen lösen und die Kakao-Cashew-Mischung daraufsetzen. Mit frischen Himbeeren und gehackten Pistazien garnieren.

BANANEN-ERDNUSSBUTTER-
EISBECHER
mit Schokoladensoße

für 2 Personen

Wer sagt hier, Eiscreme sei ungesund? Dieser Eisbecher auf Bananenbasis schmeckt genauso lecker wie sein milchhaltiges Gegenstück, man muss seinetwegen aber nicht mal halb so viele Gewissensbisse haben. Die salzige Erdnussbutter ist der perfekte Ausgleich zur süßen Schokolade. Das Eis ist ein höllisch guter Abschluss für jede Mahlzeit, aber man kann es natürlich auch einfach so als besondere Gaumenfreude genießen. An diesem Punkt hebe ich meine Hand und gestehe, dass ich eine kleine Schwäche für Erdnussbutter habe (und Bananen … und vielleicht auch dunkle Schokolade). Daher ist es keine große Überraschung, dass ich alle drei Zutaten in einem verschwenderischen Eisbecher kombiniert haben wollte. Ich schaufle alles mit einem ellenlangen Löffel in mich hinein, bis ich pappsatt und vollkommen glücklich bin. Schließlich bin ich auch nur ein Mensch und was wohl noch entscheidender ist, ein weiblicher!

ZUTATEN

4 Bananen
2 EL Ahornsirup oder anderes
veganes Süßungsmittel
1 gehäufter TL Erdnussbutter ohne
Stückchen

Für die Soße
60 ml Sojamilch
100 g hochwertige dunkle Schokolade (mindestens 70 % Kakaoanteil), in kleinen Stücken
1 EL Agavendicksaft

1 Handvoll grob gehackte
gesalzene Erdnüsse zum Anrichten

ZUBEREITUNG

1. Bananen schälen und in grobe Stücke schneiden. Luftdicht verpacken und über Nacht ins Gefrierfach legen.

2. Am nächsten Tag die gefrorenen Bananenstücke mit dem Stabmixer zu einer weichen Creme pürieren.

3. Ahornsirup und Erdnussbutter mit den pürierten Bananen vermixen. Die fertige Eiscrememischung in ein luftdichtes Behältnis geben, den Deckel verschließen und ins Gefrierfach legen.

4. Für die Soße dunkle Schokolade mit Sojamilch und Agavendicksaft in einem schweren Topf unter ständigem Rühren bei schwacher Hitze schmelzen (nicht kochen!). Die Masse ist anfangs etwas körnig, wird mit zunehmender Hitze aber glatt und glänzend.

5. Eiscreme in hohe Gläser füllen, mit der heißen Soße begießen und mit gesalzenen Erdnüssen bestreut servieren.

Cointreau-
GRANITA

für 4 bis 6 Personen

Fast wie ein Slushie für Erwachsene: Diese Cointreau-Granita ist eine Gaumenfreude und eine schöne Alternative zu anderen weit häufiger aufgetischten Sorbets. Es ist etwas Übung nötig, um die richtige Konsistenz hinzubekommen, aber das erfrischende Resultat ist die Mühe allemal wert – vor allem, wenn Sie Cointreau ebenso gerne trinken wie ich. Vielleicht ist es ja eine schlechte Angewohnheit von mir, aber ich denke oft darüber nach, wie ich Alkohol in Speisen integrieren kann: Ob süß oder pikant, ich bin für alles zu haben. In diesem Fall dient der Alkohol auch dazu, die Kristallisation der Eiskristalle zu hemmen. So wird die Granita nie zu fest und bleibt selbst im Gefrierfach so, wie Sie sie brauchen.

ZUTATEN

geriebene Schale und Saft von
2 großen Bio-Orangen
Geriebene Schale and Saft von
1 Bio-Limette
100 g feinster Zucker
einige Tropfen Orangenaroma
40 ml Cointreau (plus Extramenge
zum Anrichten)

dunkle Schokoladentäfelchen zum
Anrichten

ZUBEREITUNG

1. 240 ml Wasser, Orangensaft, Limettensaft und -schalen, Zucker und Orangenaroma in einem kleinen Topf zum Kochen bringen und etwa 1 Minute sprudelnd kochen, bis sich der Zucker vollständig aufgelöst hat.

2. Leicht abkühlen lassen, dann den Cointreau dazugießen. In einen luftdicht verschließbaren Behälter geben und ins Gefrierfach legen. Nach etwa 1 Stunde die gefrorene Granita abkratzen. Diesen Schritt so lange alle 30 Minuten wiederholen, bis die gewünschte Konsistenz erreicht ist (kann einige Stunden dauern).

3. In gläserne Servierschalen geben, mit einem Schuss Cointreau beträufeln und mit dunklen Schokoladen-Täfelchen garnieren.

GEBACKENE BANANEN
in Zitrus-
RUM-SOSSE

für 2 bis 3 Personen

Ich esse sehr gerne Bananen. Da sie auf den britischen Inseln nicht gerade heimisch sind, bringen sie zugegebenermaßen eine ziemlich hohe CO_2-Bilanz mit sich, die die meisten Umweltschützer zum Weinen bringen dürfte. Aber wir Veganer brauchen ja auch unsere Laster, daher bleibe ich bei den Bananen. Wenn das schlechte Gewissen doch einmal die Überhand gewinnt, hilft mir zur Bewältigung immer ein Schlückchen Rum. Auch Zucker wirkt in so einem Fall beschwichtigend. Kombiniert man beides, hat man auf jeden Fall gewonnen. Wenn Sie eigentlich kein gebackenes Obst mögen, sollten Sie erst einmal diese süßen, klebrigen Bananenscheiben probieren. Sie schmecken sehr gut kalt, aber ich esse sie am liebsten warm mit einem üppigen Klacks veganer Sprühsahne. Wenn schon sündigen, dann richtig!

ZUTATEN

3 große reife Bananen
2 EL brauner Zucker
¼ TL frisch geriebene Muskatnuss
½ TL Zimtpulver
2 – 3 Stück Sternanis (optional)
60 ml Rum
Saft von 1 Clementine oder Orange
Saft von ½ Limette
2 EL Dattelsirup

vegane Sprühsahne und frisch geriebene Muskatnuss zum Anrichten

ZUBEREITUNG

1. Den Backofen auf 180 °C (160 °C Umluft) vorheizen.

2. Bananen schälen und der Länge nach halbieren. In eine Ofenform legen. Mit Zucker, Muskat und Zimt rundum bestreuen und nach Belieben mit Sternanis spicken. Anschließend 10 Minuten im Ofen auf der mittleren Schiene backen.

3. In der Zwischenzeit Rum, Clementinensaft, Limettensaft und Dattelsirup verquirlen. Über die Bananen gießen und weitere 15 bis 20 Minuten backen. Aus dem Ofen nehmen, sobald die Bananen goldbraun sind.

4. Bananen entweder lauwarm oder vollständig kalt werden lassen und mit einem großzügigen Klacks Sprühsahne und frisch geriebener Muskatnuss bestreut servieren. Das perfekte beschwipste Dessert!

Einfache Biscotti mit
AFFOGATO

für 4 Personen

Als Veganerin stellte ich mir gerade das Backen sehr kompliziert vor. Ich hatte keine Ahnung, was ich anstelle von Eiern verwenden sollte. Es war, als ob ich das Kochen noch einmal ganz von vorne lernen müsste. Apfelmus (genau, das, womit man Babys füttert) erwies sich als mein absoluter Lebensretter. Diese einfachen Biscotti rufen immer „Ahs" und „Ohs" hervor, wenn ich sie auf Dinnerpartys reiche. Zusammen mit dem Affogato sind sie der perfekte Abschluss für jede Mahlzeit.

ZUTATEN

Für die Biscotti
120 g Weizenmehl (plus Extramenge zum Bestäuben)
60 g gemahlene Mandeln
¼ TL Backpulver
¼ TL Natron
1 Prise Salz
40 g Apfelmus
40 ml Olivenöl
40 ml Amaretto
50 g feinster Zucker
40 g Haselnüsse, gehackt

Für den Affogato
4 Tassen heißer Espresso
25 ml Amaretto
4 Kugeln hochwertige
vegane Eiscreme

ZUBEREITUNG

1. Backofen auf 180 °C (160 °C Umluft) vorheizen. Ein 22 cm breites Backblech mit Backpapier auslegen.

2. Mehl in eine große Schüssel sieben und mit den gemahlenen Mandeln, Backpulver, Natron und Salz vermischen. Das Apfelmus mit dem Olivenöl, dem Amaretto und dem Zucker verrühren.

3. In die Mitte der Mehlmischung eine Mulde drücken und das Apfelmus hineingießen. Mit dem Teigspatel zu einem glatten Teig verarbeiten. Haselnüsse mit den Händen einarbeiten und den fertigen Teig auf eine bemehlte Arbeitsfläche geben.

4. Den Teig zu einer etwa 1 cm dicken Rolle formen und die Oberfläche mit einem Messer einritzen. Auf das Backblech legen und 30 Minuten auf der mittleren Schiene backen. Herausnehmen und die Backofentemperatur auf 160 °C (140 °C Umluft) reduzieren. Etwas abkühlen lassen und gleichmäßig in 8 bis 10 Kekse schneiden. Auf dem Blech beiseitestellen und völlig erkalten lassen.

5. Nochmals 10 Minuten im Ofen knusprig backen, Kekse umdrehen und 10 Minuten von der anderen Seite backen. Auf dem Kuchengitter vollständig abkühlen lassen.

6. Eiscreme auf 4 Eisschälchen verteilen. Espresso kochen und noch heiß über die Eiscreme gießen, Amaretto ergänzen und zusammen mit den Biscotti servieren.

Einfache, cremige
HORCHATA

für 2 Personen

Dieses traditionelle mexikanische Getränk habe ich in Chicago kennengelernt. Zu unserem Glück wohnten wir in einem Bezirk, in dem es an allen Ecken wunderbares mexikanisches Essen gab. Ich wurde schnell süchtig nach diesem erfrischenden, cremigen Gebräu, das noch dazu von Natur aus vegan ist – yeah! Normalerweise wird es mit Reis hergestellt, aber ich finde diese Variante mit Hafer genauso lecker. Ihr Vorteil ist, dass man für die Zubereitung nur einen Bruchteil der Zeit braucht. Ich mache diesen Drink oft im Sommer und stelle ihn vor dem Servieren im Kühlschrank kalt. Sie können die Mengenangaben nach Lust und Laune verdoppeln, verdreifachen oder vervierfachen und das Getränk in massentauglichen Krügen anbieten. Auf Partys dürfen Sie auch gern einen Schuss Rum dazugeben. Wer könnte dazu schon nein sagen?

ZUTATEN

250 g kernige Haferflocken
1 TL Zimtpulver
60 ml Ahornsirup oder
Agavendicksaft

Eiswürfel zum Anrichten

ZUBEREITUNG

1. Die Haferflocken mit 500 ml Wasser und dem Zimt im Mixer glatt pürieren. Süßungsmittel hinzufügen und nochmals aufmixen.

2. Durch ein feines Sieb oder Musselintuch streichen und auf sehr viel Eis servieren.

Variationen

Probieren Sie die Horchata auch einmal mit 1 Esslöffel Kakaopulver, etwas Vanillearoma oder einer Prise frisch gemahlener Muskatnuss!

REGISTER

DANKSAGUNG

Tausend Dank an den Verlag für die Chance, mir meinen lang gehegten Traum vom eigenen Kochbuch zu erfüllen. Ganz besonders danke ich Judith, weil sie daran geglaubt hat, dass ich etwas zu sagen habe, und meiner wunderbaren Lektorin Tara für ihre Geduld, Beratung und unbeirrbare Ruhe. Es war eine tolle Erfahrung für mich, für die ich ewig dankbar sein werde.

Danke an Ali Allen für ihr magisches Foto-Talent, Linda Tubby für ihr geniales Styling und Nicky Collins für ihre fantastische Buchgestaltung. Ein Dankeschön auch an Abbi-Rose für das umwerfende Make-up und Hair-Styling und Nicola von „Beautiful Soul" für die himmlische Garderobe.

Großen Dank schulde ich meinen vielen Freunden, die mich auf diesem Weg unterstützt haben, vor allem Nathan, Brendan und Rebecca – danke, danke, danke!

Meinem Mentor David Hayes danke ich dafür, dass er mir die Zuversicht gegeben hat, an mich selbst zu glauben, als ich es am meisten brauchte.

Wie immer ein riesen Dankeschön an meine ganze Familie zu Hause in Derry – ihr wisst gar nicht, wie viel Freude ihr mir schenkt.

Danke an meine beste Freundin Joanne (Joey) Doherty für ihre Loyalität und Freundschaft. An Oma und Opa, weil ihr immer so gut zu mir seid – ich liebe euch. An meine wunderbare, talentierte und leicht bekloppte Schwester Mairead – sie ist die beste Freundin, die man sich nur wünschen kann. Und natürlich an meine Eltern Hugo und Marie für ihre unendliche Liebe und Unterstützung. Ihr seid alles für mich.

Zu guter Letzt ein kolossales Dankeschön an die Liebe meines Lebens, meinen schönen Jason, der mein Leben erst vollständig macht und mich jeden Tag zum Lachen bringt.